아래로부터의 영성

Anselm Grün OSB / Meinrad Dufner OSB
SPIRITUALITAT VON UNTEN
© Vier-Türme-Verlag, Münsterschwarzach 1994

Translated by Chun Hun-Ho
© Benedict Press, Waegwan, Korea 1999

아래로부터의 영성
1999년 12월 초판 | 2025년 4월 22쇄
옮긴이 · 전헌호 | 펴낸이 · 박현동
펴낸곳 · 성 베네딕도회 왜관수도원 ⓒ 분도출판사
찍은곳 · 분도인쇄소
등록 · 1962년 5월 7일 라15호
04606 서울 중구 장충단로 188(분도출판사 편집부)
39889 경북 칠곡군 왜관읍 관문로 61(분도인쇄소)
분도출판사 · 전화 02-2266-3605 · 팩스 02-2271-3605
분도인쇄소 · 전화 054-970-2400 · 팩스 054-971-0179
www.bundobook.co.kr
ISBN 978-89-419-9919-5 03230

안셀름 그륀 / 마인라드 두프너

아래로부터의 영성

전헌호 옮김

분도출판사

목 차

시작하는 말

영성의 역사 안에 존재해 온 여러 경향들은 두 가지로 정리된다. 하나는 위로부터의 영성이고, 다른 하나는 아래로부터의 영성이다. 아래로부터의 영성은 하느님께서 성서 안에서 그리고 교회를 통해서만 우리에게 말씀하시는 것이 아니라 우리 자신을 통해, 우리의 생각과 느낌들, 우리의 육체와 이상들, 우리의 상처와 나약함들을 통해서도 말씀하시는 것을 의미한다. 아래로부터의 영성은 무엇보다 먼저 수도자들의 삶 안에서 실천되었다. 초기교회의 수도자들은 자신들이 지닌 고통들에 대하여 묵상하고 묵묵히 지고 나가는 과정에서 그 고통들을 통하여 하느님을 올바르게 깊이 인식하고 그분께 나아갈 수 있다는 사실을 깨달았다. 에바그리우스 폰티쿠스Evagrius Ponticus는 이러한 아래로부터의 영성을 다음과 같은 고전적인 문장으로 정리했다:

> 만약 네가 하느님을 알고 싶으면 먼저 너 자신에 대하여 알도록 해라.

자신이 처해 있는 구체적인 현장을 아는 것, 더 나아가서 자신의 무의식 세계까지 살펴봄으로써 하느님께 나아갈 수 있다. 아래로부터의 영성은 사람이 하느님께 나아가는 길에 들어서서 그분을 향해 나아가기만 하면 되는 일방통행의 길이 아니다. 하느님께 나아가는 길은 그보다는 오히려 잘못된 길, 돌아서 가는 우회로, 실패 그리고 자기 자신에 대한 깊은 실망 들을 통해 더 잘 찾아 갈 수 있는 것이다. 나의 성덕이 하느님께로 내 마음의 문을 열 게 하는 첫째 도구가 아니다. 오히려 나의 약한 부분들, 나의 무 능, 더 나아가 나의 죄조차도 하느님을 향해 내 마음의 문을 여 는 데에 우선적인 역할을 한다.

위로부터의 영성은 우리 스스로 이미 주지하는 바와같이 이상 적인 것이다. 이 영성은 명백한 목표들을 가지고 있고, 그 목표 들에서 시작한다. 그리고 이 영성은 사람들이 자기훈련과 기도를 통해서 이 목표점들에 도달해야 한다고 강조한다. 이것을 실천하 는 데 가장 이상적인 방법들은 성서를 공부하고, 교회의 윤리적 가르침을 익히며 자기 자신에 대하여 명확히 성찰하는 것이다. 위로부터의 영성의 가장 기본적인 질문은 다음과 같다: 그리스도 인은 어떠한 자세로 이 세상에 존재해야 하나? 그리스도인은 무 엇을 반드시 실천해야 하나? 그는 어떤 행동들을 몸에 익혀나가 야 하나? 위로부터의 영성은 항상 더 나아지기를 원하고, 언제나 더 높이 상승하며, 하느님께 조금이라도 더 가까이 나아가고자 하는 인간의 기본적 원의와 일치한다. 이러한 영성은 지난 3백 년 동안 윤리신학에서 가르친 것이고, 계몽주의 시대 이래로 수 덕신학에서 강조해 왔다. 현대 심리학은 이러한 형태의 영성을 매우 회의적으로 바라보고 있다. 그 이유는 이런 영성은 인간을 내적으로 분열시킬 위험이 있다고 보기 때문이다. 이상적인 영성 을 추구하는 사람은 그 이상에 일치하지 못하는 자신의 실제 상황에 대하여 자주 불만을 가지게 된다. 그래서 그 사람은 내적으로 분열되고 병들게 된다. 이와는 달리 초기교회의 수도자들이 수행했던 아래로부터의 영성은 심리학으로부터 인정받을 수 있다. 왜냐하면 심리학적 측면에서, 인간은 자신이 처해 있는 적나라한 모습을 인식하고 인정할 경우에만 자신이 추구하는 진실에 도달할 수 있기 때문이다.

아래로부터의 영성은 하느님의 음성을 나의 생각과 느낌, 나의 고통과 질병들 안에서 듣고, 하느님께서 만드신 참된 나 자신의 모습을 발견하는 일에만 관한 것이 아니다. 또한 아래로 내려와 나 자신의 실제 모습을 알아냄으로써 하느님께 올라가는 일에만 관한 것도 아니다. 아래로부터의 영성은 이러한 것에서 훨씬 더 나아가 우리 스스로가 지닌 가능성의 한계에 부딪쳤을 때, 바로 그곳에서 하느님과의 인격적인 관계를 가지기 위한 마음의 문을 열어 나갈 수 있다. 초기교회의 수도자들은, 참된 기도는 우리의 덕행에서 우러나오는 것이 아니라 우리의 곤궁의 심연에서 우러나온다고 했다. 곤궁의 심연에서 나오는 기도가 전형적인 그리스도인의 기도라고 한 장 라프랑스Jean Lafrance는 참된 기도에 도달하기까지 기나긴 실패를 경험했다. 그는 이렇게 말한다:

> 우리가 하느님을 만나기 위해서 자기훈련, 금욕 그리고 기도를 통하여 수행하는 모든 노고들은 잘못된 길로 들어서게 된다. 우리는 그러한 행위를 마치 프로메테우스Prometheus가 하늘의 불을 지배하려고 노력했던 그런 헛된 행위로 볼 수 있다. 완전성을 통해 하느님께 도달하려고 노력

할 때는 그 완전성의 단계가 어디까지 나아가는가에 대하여 알아보는 것이 중요하다. 그런데 이러한 길은 예수님이 복음에서 알려준 길과는 판이하게 다르다. 예수님은 하느님께 도달하기 위해서 한 계단, 한 계단 올라가는 완전성을 향한 사다리를 놓은 일이 없다. 오히려 자신을 낮추어야 하는 겸손이라는 아래로 내려가는 길을 제시하셨다. … 그러므로 우리는 하느님과 일치하기 위하여 어떤 길을 선택해야 하는 양자택일의 선상에 놓여 있다. 위로 올라가는 길을 택할 것인가? 아니면 아래로 내려가는 길을 택할 것인가? 필자는 이 두 길 중 어느 길을 가야 할 것인지 필자의 체험에서 우러나온 견해를 여러분에게 지금 말하고 싶다: "만약 여러분이 영웅적인 행위와 덕행을 쌓는 것으로 하느님께 다가가기를 원한다면, 이것은 물론 여러분 자신의 선택에 달린 문제이다. 여러분은 이것을 선택할 권리를 당연히 가지고 있다. 그런데 필자는 여러분에게 도움이 되는 좋은 충고를 하고 싶다. 그 길을 통해서 하느님께 도달하려고 시도하는 것은 머리로 벽을 들이받는 행위와 같은 것이다. 만약 여러분이 겸손의 길을 통해 하느님께 다가가기를 원한다면, 그 길을 올바르게 찾아야 하는데, 자기 자신이 현재 실질적으로 처해 있는 빈약한 처지의 심연으로 내려가는 것을 두려워하지 말아야 한다"(Lafrance 9 이하).

아래로부터의 영성은 우리의 삶에서 일어나는 여러 가지 요소들을 어떻게 처리해 나가며, 거기에서 어려움이 발생할 때는 무엇을 해야 하고, 이러한 상황들에서 삶의 새로운 형태들을 어떻게 형성해 나갈 것인지 관심을 가지고 실천 방안들을 모색해 나간다.

아래로부터의 영성은 겸손의 길이다. 오늘날 우리는 겸손이란 말을 그다지 좋아하지 않는다. 드레브만Drewermann은 베네딕도 성인이 직접 쓴 수도회 규칙서에서 수도자가 지녀야 하는 대표적인 영성 중 하나로 지칭한 겸손을 자신의 자율을 잃고 타인에 의해 좌지우지되는 전형적인 요소로 보고 있다(Drewermann, 429). 그런데 우리가 그리스도교나 다른 종교들의 신심 서적들을 보면 어디에서나 겸손을 참된 종교심을 드러내는 기본적 자세로 보고 있다. 우리는 겸손을 자신을 낮추어 작은 존재로 만듦으로써 획득하는 덕행으로 이해하지 않도록 조심해야 한다. 겸손은 우선적으로 하나의 종교적인 기본 자세를 의미하지 사회적 덕행을 의미하는 것이 아니다. 겸손을 의미하는 독일 단어 Demut은 우리에게 잘못된 방향을 알려주고 있다. Demut은 *ahd diomuoti*(mhd diemuot = 봉사하는 자세)에서 파생된 말로서 타인에 대해 가지는 자세, 즉 봉사하는 사회적 덕행을 지칭하고 있다. 라틴 단어인 humilitas는 humus, 즉 땅과 관련을 맺고 있다. humilitas는 우리가 땅에 밀착하고 있다는 사실, 땅에서 벗어날 수 없다는 사실, 우리의 본능적인 욕구의 세계들, 우리들이 지닌 어두운 그늘과의 화해를 의미하는 것이다. humilitas는 자신의 참된 모습을 찾아나가는 용기勇氣다. 그리스 사람들은 가난, 곤궁, 자기비하를 *tapeinosis*로 표현했고, 겸손의 자세, 정신적 가난을 *tapeinophrosyne*로 표현하면서 이 두 어휘의 차이를 분명히 분별했다. 겸손은 하느님을 향한 자세를 지칭하는 것이고 하나의 종교적인 덕행이다.

겸손은 모든 종교들에서 참된 영성을 구별하는 시금석試金石이다. 겸손은 바로 내가 하느님을 만날 수 있는 깊은 장소이다. 바로 그 깊은 곳에서 참된 기도의 목소리가 울려 퍼질 수 있는 것이다.

이 작은 책에서 필자들은 아래로부터의 영성의 양극, 즉 참된 자아를 찾아나가는 길과 하느님을 찾아나가는 길을 서술하려고 한다. 참된 자아와 하느님을 찾아나가는 일은 한편 우리가 처해 있는 구체적 현실로 내려감으로써, 다른 한편 실패와 무능의 체험을 참된 기도의 장소로, 하느님과의 인격적인 관계를 맺는 기회로 삼음으로써 이루어질 수 있다. 아래로부터의 영성은 한편 인간이 자신의 참된 모습에 도달하기 위해 걸어가는 치유 효과를 지닌 길이요, 다른 한편 실패의 체험을 넘어 기도로 나아가게 하는 길이다. "저 아래 깊은 곳에서 구원을 향해 소리치면서" 하느님과 깊은 관계를 맺어나가도록 인도하는 길이다.

위로부터의 영성

우리가 여기서 의도하는 것은 아래로부터의 영성을 위로부터의 영성에 완전히 대립적인 요소로 제시하고자 하는 것이 아니다. 한쪽 방향으로만 치우치는 것은 언제나 아무 도움이 되지 않는다. 그러므로 이 두 영성 사이에는 건강한 긴장관계가 존재하고 있다. 위로부터의 영성은 우리에게 이상적 요소들을 제시하고, 그것은 우리가 실행하려고 노력해야 하는 요소이며 언젠가는 마침내 채워야 하는 것이다. 이상적 요소들은 인간에게 매우 긍정적인 작용을 하는 것이다. 무엇보다도 젊은이들에게는 이상적 요소들이 필수불가결한 요소이기도 하다. 만약 젊은이들에게 이상적 요소들이 목표로 제시되어 있지 않다면, 이들은 자기 자신 안에 머물면서 그 안에서만 맴돌 것이다. 이들은 자기 자신 안에 가능성으로 존재하는 요소들을 결코 펼치지 못할 것이다. 그리고 그들은 자신 안에 존재하는 개발되어야 하는 요소들을 개발하기 위해 노력하지도 않을 것이다. 이상적 요소들은 젊은이들이 자기 자신에게서 벗어나 자신을 극복하여 앞으로 나아가게 하며 새로운 가능성들을 찾아나가게 한다. 이상적 요소들이 없다면 많은 젊은이들이 자신이 지닌 가능성들을 개발하지 못하고 일상 속에 주저앉아 보통의 삶을 지속해 나갈 것이다. 나 자신이 앞으로 더 성장해 나가기 위해서는 모범이 되는 존재들이 필요한 것이다.

모범적인 존재들을 표본으로 하여 조금씩 전진해 나가고, 전진한 만큼 타인에게 또 하나의 새로운 모범으로 드러나게 된다. 성인들은 젊은이들에게 좋은 모범적인 존재가 되어 이들이 도전하고, 자신의 가능성들을 개발하며, 자신에게 주어진 고유한 성소를 발견하도록 한다. 그러나 우리는 성인들을 그대로 모방하여 똑같이 될 수는 없다. 성인들을 바라보는 일은 우리가 그들과 같이 성스럽지 않다는 사실을 알게 하여 양심의 가책을 느끼도록 하는 것이 아니라, 오히려 우리 자신이 그렇게 작은 존재가 아니라는 사실을 깨닫게 하고, 우리에게 주어진 고유한 성소를 발견하며, 하느님이 만드신 우리의 원초적인 유일한 모습을 인식하도록 자극과 용기를 불어넣어 준다.

우리의 아바스*는 우리 공동체에 다음과 같은 좌우명을 주셨다:

> 너는 네가 생각하고 있는 것보다 훨씬 더 많은 가능성들을 지니고 있다.

이상적 요소들은 하느님께서 우리에게 선사하신 가능성들을 자신 안에서 발견해 나가도록 하기 위해서 존재하는 것이다. 예부터 젊은이들은 무엇엔가 심취하고 감격하는 능력을 지녔다. 이들은 감격하고 도취할 수 있는 높은 이상적 요소들을 필요로 한다. 감격과 도취는 자기 자신을 넘어서서 성장하고 자신이 지닌 능력을 단련하고 넓혀나가도록 하는 힘이다. 젊은이들을 감격시키고 열

---

* 필자는 베네딕도 수도회원이므로 여기서 말하는 아바스는 베네딕도 성인을 지칭하고 있는 것으로 보는 것이 옳겠다 — 역자 주.

광시키는 이상적 요소들이 더 이상 존재하지 않는다면 그들은 병들어 갈 것이다. 만약 이상적 요소들이 없다면 젊은이들은 자신들의 삶을 채워나가기 위해서 다른 어떤 요소들을 필요로 할 것이고, 자기 자신을 넘어서 성장하기 위해 폭력적으로 어떤 것을 분쇄해 나갈 것이다. 히틀러의 나치 시대처럼 젊은이들의 심취와 열광을 잘못 사용한다면 그것은 하나의 커다란 재앙이 될 것이다. 이러한 의미에서 교회가 성서에 등장하는 이상적인 존재들이나 교회 역사 안에서 그것을 구현해 나갔던 성인들과 같은 그리스도교의 이상적 요소들을 젊은이들이 믿고 받아들일 수 있도록 선포하고 가르친다면 하나의 큰 기회가 되겠다. 그러나 선포하고 가르치는 일보다 더 중요한 것은 그것을 실제로 살아가는 일이다. 만약 젊은이들이 그들이 따르고 싶은 모범적인 존재들을 가지게 되면, 그들의 내면에 존재하는 무질서는 조용히 가라앉고, 그들 속에 존재하는 다양한 힘들이 모범적인 사람이 앞에서 구현해 나가고 있는 그 이상적 요소를 중심으로 질서짓게 된다. 모범적인 존재들은 젊은이들이 무질서에서 벗어나도록 삶의 방향을 제시해 준다. 또 젊은이들이 자신 안에 존재하고 있는 고유한 힘과 하느님께서 불어넣어 준 가능성들을 만나게 해준다.

그러므로 우리는 위로부터의 영성 없이는 바르게 지탱해 나갈 수 없다. 위로부터의 영성은 우리 안에 있는 삶을 일깨우는 긍정적인 기능을 지니고 있다. 그런데 이 영성이 우리의 실제 상황과의 관계를 잃어버릴 때 우리를 병들게 한다. 사람들 중에는 자신이 결코 도달할 수 없는 높은 이상을 목표로 설정하는 이들이 있다. 이들은 항복하면서 포기하는 것을 피하기 위해서 자신들의 실제 상황을 억압하거나 밀어젖히고 이상과 자신을 동일시해 버린다. 이러한 것이 이들을 분열시켜서 고통받게 한다. 이들은 예를 들어 자신들의 열심한 신심 속에 숨어들 수 있는 공격성과 같은 자신이 지닌 구체적인 현실 상황에 대해 전혀 인식하지 못하게 된다. 이러한 분열은 한편으로는 서로 관련을 맺을 수 없는 두 영역에서 살아가도록 이끌어가고, 다른 한편 억압된 고통들의 환영 속으로 이끌어간다. 이들은 자신이 설정해 놓은 이상을 유지하기 위해서 자신의 어두운 부분을 억압하고, 그 어두운 부분을 다른 것들에 투영시켜 그것들에 대하여 비난하고 격분하게 된다. 자기 마음 안에 존재하는 악을 억압하거나 배제하는 행위는 다른 이들을 죄인으로 몰아세워 자주 그들을 하느님의 이름으로 잔인하게 대하는 방향으로 나가게 된다.

영적 삶의 길은 대개 위로부터의 영성으로 시작된다. 그런데 이 길을 걷다 보면 누구에게나 반드시 위로부터의 영성을 아래로부터의 영성과 접목시켜야 하는 때가 온다. 이 두 길을 잘 접목시킬 때 영성의 길을 걷는 사람은 활기를 유지하면서 건강하게 살아갈 수 있다. 그렇지 않을 때 내면의 세계에 분열이 일어나 병들게 된다. 영적 길을 걸어가는 사람은 자신이 놓여 있는 구체적 현실을 진지하게 바라보아야 하며, 위로부터의 영성을 추구하는 데에 이 구체적 현실을 충분히 고려해야 한다. 그렇게 할 때 변화와 진보가 가능하기 때문이다. 이러한 것을 언급하면서 우리는 성서에서 제시하는 이상적 요소들보다는 하느님의 약속들에 더 많은 관심을 가진다. 하느님은 성서에서 우리가 당신의 성령을 받아들일 때 어떠한 것에 능력을 지니는가를 잘 보여주고 있다. 예를 들어 산상수훈에서 말하고 있는 이상적 요소들이 바로 그같은 약속들이다. 우리가 하느님의 아들 딸이란 사실을 실존적으로 체험했을 때 우리는 산상수훈의 말씀들을 실천할 수 있다. 산상수훈의 말씀을 실천할 경우에 그것은 우리에게 참으로 도움이 되어 우리를 자유로운 넓은 세계로 이끌어준다. 만약 우리가 산상수훈을 도달해야 하는 이상적 요소로 보면서 반드시 실천해 나가야 하는 것으로 인식한다면, 우리는 그 내용대로 항상 살아가는 것이 몹시 힘든 일이라는 사실을 알기 때문에 내적인 번민과 분열 속으로 빠져들어 가게 된다. 산상수훈은 예수 그리스도의 구원을 체험한 사람이 취하는 자세를 우리에게 알려준다. 그러므로 산상수훈은 우리가 예수 그리스도 안에 있는 하느님의 자비를 이해했느냐 못했느냐에 대한 좋은 시금석이 된다.

위로부터의 영성이 지닌 위험은 우리가 자신의 힘으로 하느님께 도달할 수 있다고 여기는 데에서 발생한다. 라프랑스Lafrance는 이에 대하여 이렇게 말한다:

사람들은 완전함Vollkommenheit에 대하여 일반적으로 언제나 꾸준히 성장해 나가는 것으로 이해하거나, 힘에 겹도록 노력해야 조금씩 도달할 수 있는 매우 어려운 상승으로 이해한다. 그러므로 사람들은 완전함으로 상승하기 위한 능력과 용기를 획득하기 위하여 특정한 자기수련Askese이나 기도방법을 실행해 나가고 있다. 만약 어떤 특정한 목표에 도달하기 위해서 수행하고 있는 제자가 영적 지도자에게 그 목표에 도달하는 것은 자신에게는 불가능한 일이라고 말하면, 그는 그 스승에게서 일반적으로 "사람은 계속해서 노력해 나가야 하는 거야"라는 대답을 듣게 된다. 상승해 나가야 하는 최종 단계에서는 마침내 이러한 고달픈 수고 자체에서도 해방되는 것이다(Lafrance 9).

불행하게도 우리는 자신의 노력만으로는 하느님께 도달할 수 없다. 그러한 노력을 통해 우리가 최종적으로 알게 되는 것은 이율배반二律背反적으로 그러한 투쟁만으로는 우리 자신을 더 향상시킬 수도 하느님께 도달할 수도 없다는 사실이다. 우리가 그렇게 되기를 원하는 것을 우리 스스로는 이루어낼 수 없다. 마침내 이러한 사실을 통해 우리는 하느님의 은총만이 우리를 변화시킬 수 있고, 하느님께서 우리 안에서 작용하시도록 하기 위해서도 우리의 노력이 언젠가는 실패로 돌아가는 것이 마땅하다는 사실을 인정하게 된다.

아래로부터의 영성의 형성

가. 성서에서의 예들

성서는 우리에게 완벽하고 잘못이 전혀 없는 모범적인 신앙인을
제시하지 않고, 큰 잘못을 저질러 무거운 짐을 지고 가면서 저
깊은 내면에서부터 하느님의 구원을 부르짖는 사람을 제시하고
있다. 아브라함은 이집트에 내려갔을 때 그곳에서 목숨을 부지하
기 위해 자신의 아내를 여동생으로 소개했다. 이러한 일은 파라
오가 사라를 자신의 후실로 불러들이는 결과를 낳았다. 그래서
신앙의 선조인 아브라함을 그가 저지른 거짓말에서 야기된 어려
움에서 해방하기 위해 하느님께서 직접 나서야 하는 상황이 되고
말았다(창세 12.10-20). 이스라엘 백성들을 이집트에서 해방시켰던 모
세는 살인자였다. 그는 이집트 사람 하나를 홧김에 때려죽었다.
그는 불붙는 떨기 안에서 그에게 큰 임무를 맡기기 위해 말을 건
네는 하느님 앞에서 먼저 그의 죄와 무능함을 헤아려야만 했다.
이스라엘 역사상 가장 위대한 왕이자 다른 모든 왕의 표본이었던
다윗도 불완전하기는 마찬가지였다. 그는 우리야의 아내 바쎄바
와 잠자리를 같이함으로써 큰 죄를 지었다. 바쎄바가 임신하자
그는 우리야를 최전방으로 보내어 적의 공격으로 죽게 만들었다.

구약성서에 등장하는 위대한 사람들은 먼저 자신의 죄와 무능으로 절망의 심연까지 내려갔던 사람들로서 희망이라고는 오직 하느님의 도우심에 의지하는 것뿐이었다. 그들은 하느님에 의해 완전히 새로운 존재가 되었으며 하느님께 대한 믿음과 순종으로 지도자의 역할을 수행할 수 있었다.

신약성서에서 예수님은 시몬 베드로를 자신이 세운 교회의 반석으로 선택하신다. 그때 베드로는 예수님을 정확하게 이해하지 못했다. 베드로는 죽음이 기다리는 예루살렘으로 가고 있는 예수님을 가지 못하게 하고 싶어했다. 예수님은 그를 사탄이라 칭하면서 당신 뒤로 물러날 것을 명하셨다(마태 16,23). 베드로는 마침내 폭도들에게 붙잡히신 예수님을 부인하는 지경에 이르렀다. 그는 올리브 산으로 올라가는 길에서 "함께 죽어야 하더라도 결코 부인하지는 않겠습니다"(마태 26,35)라고 거창하게 맹세까지 했다. 그는 그렇게 거창하게 맹세까지 했지만 스스로를 확실하게 믿을 수 없다는 사실을 먼저 체험해야만 했다. 그는 마침내 예수님을 부인하고 나서 "밖으로 나가 슬피 울었다"(마태 26,75). 복음사가들은 베드로의 잘못을 구차하게 변명하거나 감싸지 않았다. 복음사가들에게는 예수님이 신심이 깊고 신뢰할 수 있는 사람이 아니라 죄 많고 잘못이 많은 사람들을 사도로 선택한 것을 사실 그대로 보도하는 것이 중요했다. 예수님은 바로 이러한 사람들을 토대로 자신의 교회를 설립했다. 예수님이 당신의 말씀과 죽음을 통하여 하느님의 자비를 훌륭하게 증거한 바와같이, 이들도 하느님의 자비를 알리는 데에 아주 적합한 사람들이었다. 베드로는 자신의 죄를 통해 다른 사람을 위한 반석이 되었다. 베드로는 그 자신 스스로는 결코 반석이 될 수 없다는 사실을 체험했고, 여러 가지 요소들로 얽혀 있는 이 세상에서 그리스도께 충실하게 머물 수 있기 위해서는 오직 믿음에 자신을 내맡겨야 한다는 사실을 깨달았다.

바울로는 바리사이 출신으로서 위로부터의 영성을 추구한 전형적인 사람이다. 그는 자기 자신에 대하여 이렇게 말한다:

> 유대교를 믿는 일에서는 같은 또래의 많은 동족보다 훨씬 앞서가고 있었으며 조상들이 물려준 전통을 지키는 일에는 특별히 열심이었습니다(갈라 1.14).

그는 바리사이인들이 추구하던 이상들을 매우 존중했으며, 모든 계명과 율법들을 정확하게 지켰고, 그것을 통해 하느님의 뜻을 채워나가려고 했다. 그러나 그는 다마스커스로 가는 길에서 완전히 땅에 쓰러져 주저앉게 되었으며, 그것과 함께 그가 그때까지 쌓아온 삶의 모든 것들도 무너져내리고 말았다. 땅에 쓰러진 상태에서 그는 아래로부터의 영성과 대면하게 되었다. 그는 무기력한 상태에 있었다. 그러한 상태에서 그는 그리스도께서 몸소 그에게 작용하시고 그를 변화시키시는 것을 체험하게 되었다. 믿음으로만 의화된다는 그의 견해는 바로 이 체험에서 비롯된 것이다. 이 사실은 우리가 덕행과 금욕 또는 자기수련을 통해서는 하느님께 도달할 수 없고, 오직 자신의 무능을 인정함으로써 하느님께 도달할 수 있다는 것을 알려주고 있다. 이러한 것을 통해 우리는 하느님의 은총에 대하여 좀더 민감하게 된다. 바울로는 회개한 후 곧장 완전히 건강하고 변화된 사람이 되지는 못했다.

그는 자신을 겸손하게 만드는 어떤 한 병에 시달렸다. 그는 이에 대하여 이렇게 말하고 있다:

> 그 계시들은 엄청난 것이었기에, 그때문에 내가 교만해질
> 세라 내 육신에 가시가 주어졌습니다. 사탄의 심부름꾼이
> 나를 우쭐대지 못하도록 주먹으로 때렸습니다(2고린 12.7).

그러나 바울로는 그 병에도 불구하고 기쁜 소식을 전하는 일을 포기하지 않고 계속해 나갔다. 성서학자의 주석에 의하면, 바울로가 지고 가야만 했던 그 병고는 그의 활동력을 약화시키고 그를 겸손하게 했다(Schelkle 206). 그 병은 그의 회개 이후에도 여전히 남아 있어 신경계통에 어려움을 주었는지도 모른다. 하여간 하느님은 이 병을 이용하여 바울로가 해방과 구원에 대하여 새롭게 파악하도록 했을 것이다. 바울로는 자신의 약점을 오히려 자랑하고 나섰다. 그는 하느님의 은총이 그에게 충분히 작용하고 있음을 알고 있었다. 그는 자신을 괴롭히던 병을 통해 하느님의 은총에 자신을 더 내맡겼으며, 사실 하느님 은총이 모든 것의 중심이었다. 바울로는 어느 누구보다도 더 많이 예수 그리스도 안에 존재하는 해방을 가져오는 구원에 대하여 선포했다. 이러한 이유들로 하느님은 바울로를 그 병에서 해방시키지 않으셨다. 하느님은 바울로에게 오히려 이렇게 응답하셨다:

> 너는 내 은총을 넉넉히 받고 있다. 그 능력은 약함 가운데
> 서 완성되는 법이다(2고린 12.9).

하느님의 힘은 우리의 힘이 약해질수록 오히려 더 강하게 작용한다. 우리가 원하는 것은 하느님을 통해 더 강해지는 것, 사람들 앞에 좀더 훌륭한 존재로 서는 것, 영적 삶을 통해 윤리적으로 더 잘 사는 것 등이다. 그러나 우리가 약할 때, 하고자 하는 일을 스스로 잘 할 수 없을 때, "사탄으로부터 파견된 악의 세력"이 우리를 죄어들어올 때, 하느님과 하느님의 은혜에 더욱더 마음의 문을 열게 되는 것은 상당히 역설적이다. 그러므로 바울로는 자신의 무능과 약함을 인정하고 받아들였다:

나는 약할 때 오히려 강하기 때문입니다(2고린 12.10).

그는 자신의 무능과 약함에 의해 자신의 힘으로 하느님께 도달하려는 유혹에서 벗어날 수 있었다. 그는 하느님 품에 자신을 내맡겨 하느님의 은총으로 올바르게 자신을 지탱해 나갈 수 있었다.

예수의 태도와 말씀에서 우리는 언제나 다시 아래로부터의 영성을 만나게 된다. 예수는 세리와 죄인들이 다른 사람들보다 더 하느님의 사랑에 마음을 열고 있음을 인지認知했기에 의도적으로 그들을 더 가까이했다. 이들과는 달리 정의로운 사람들은 정의롭게 살아가려고 애쓰는 동안 자신의 주변만 맴돌고 자신에서 벗어나지 못하는 경우가 자주 있다. 예수는 죄인과 연약한 사람들을 자비롭고 부드럽게 대한 반면에 바리사이인들은 매우 강하게 질책하셨다. 바리사이인들은 전형적인 위로부터의 영성을 추구했다. 이들은 많은 장점을 지니고 있었고 자신들의 행위를 통해 하느님의 마음에 들려고 노력했다. 그러나 모든 계명들을 완벽하게 준수하려고 온 힘을 기울이는 행위를 통해 진정으로 하느님을 찾기보다는 자기 자신을 더 찾고 있었던 사실을 인식하지는 못했다. 그들은 자신들의 힘으로 하느님의 계명을 완벽하게 실천해 나갈 수 있을 것으로 믿었다. 그들에게 중요한 것은 하느님을 만나는 일이 아니라 정의와 율법들을 지키는 것이었다. 모든 것을 하느님을 위해 하고 싶어한 것은 사실이지만 하느님이 필요한 것은 아니었다. 그들에게 중요한 것은 자신들이 설정한 규칙과 이상들을 지켜나가는 것이었다. 계명들을 지키는 일에 자신들을 얽어매 놓고는 하느님이 인간들에게 참으로 요구하시는 것이 무엇인가에 대해서는 간과해 버린 것이다. 예수는 그들에게 이러한 사실을 마태오 복음에서 두 번이나 분명하게 말하고 있다:

내가 원하는 것은 자비이지 제사가 아니다(마태 9.13).

예수는 바리사이인들과 세리들에 대해 말한 것을 통해 위로부터의 영성이 아니라 아래로부터의 영성을 원한다는 사실을 분명히 드러내고 있다. 왜냐하면 아래로부터의 영성이 사람들의 마음을 하느님께 열도록 하기 때문이다. 얻어맞고, 상처받고, 부서진 마음은 하느님께로 열리게 된다. 자기 자신의 죄가 너무도 커서 스스로의 노력으로는 원상회복을 하는 것이 불가능하다는 사실을 알기에 하느님의 자비심에 의존하면서 뉘우치는 마음으로 자신의 가슴을 치는 세리가 하느님으로부터 의화되는 것이다(루가 18.9-14).

아래로부터의 영성은 무엇보다 먼저 예수의 비유들에서 분명히 드러나고 있다. 예수는 밭에 숨겨진 보물에 대한 비유에서 보물, 즉 하느님이 만들어 놓은 우리의 본 모습을 땅 속에서, 지저분함 속에서 찾을 수 있음을 우리에게 알려주고 있다(마태 13.44 이하). 만약 우리가 우리 안에 숨은 보물을 찾기를 원한다면 먼저 우리의 손이 지저분해지는 것을 감수하면서 땅을 파야만 한다. 좋은 진주에 대한 비유도 우리에게 아래로부터의 영성의 다른 면을 보여주고 있다. 진주는 우리 안에 계신 그리스도를 뜻하는 하나의 표상表象이다. 진주는 진주조개가 입은 상처에서 자라난다. 그러므로 우리는 우리가 상처를 받아서 아파하고 고심할 때 그 안에서 보물을 찾게 된다. 상처는 우리가 우리 자신을 만나는 장소이기만 한 것이 아니다. 우리가 이제 더 이상 나아갈 수도 없고 앞날에 대한 희망이 전혀 보이지 않아서 포기하기 직전에, 그때 우리는 그리스도를 만나게 되고, 우리가 완전히 그리스도에게 내맡겨져 있다는 사실을 인식하게 된다. 그러한 때 구세주와 하늘나라에 대한 관심이 커진다. 그때 우리는 우리의 상처를 어루만져주고 치유해 주는 존재에게 손을 내밀게 된다. 그리스도는 우리가 온 집안을 샅샅이 뒤져야 찾을 수 있는 잃어버린 은전과 같은 존재이다(루가 15.8 이하). 우리는 우리의 가구들을 한쪽으로 치울 때, 그 은전을 찾아낼 수 있다. 우리가 여러 가지 물건들을 잘 갖추어서 집안을 장식해 놓은 것은 우리에게 별 도움이 되지 못한다. 우리가 부주의하여 잃어버린 은전을 다시 찾을 수 있도록 하기 위해서 하느님께서는 위기상황을 통해 우리 안에 정돈되어 있는 것들을 둘러엎어 엉망이 되게 하신다.

예수가 아래로부터의 영성을 언급하는 또 하나의 비유는 가라지 비유이다(마태 13.24-30). 위로부터의 영성은 기꺼이 이상적인 요소들을 실천해 나가기를 원하고, 사람의 육체와 영혼 안에서 자라는 가라지들을 모두 제거하기를 원한다. 이상적인 것은 잘못을 전혀 범하지 않고 결함이 없는 순수하고 완전한 사람 그리고 순수한 교회이다. 이러한 시각은 쉽사리 경건주의로 빠져들게 한다. 사람들은 온 힘을 다 바쳐 교회 안에 존재하는 결함과 죄를 제거하고자 한다. 마태오는 아마도 이 비유를 자신의 공동체 안에 존재하는 경건주의자들을 겨냥하여 이 부분에 편집한 것 같다. 그런데 우리는 이 비유에서 우리 자신이 지닌 결함과 잘못들을 어떻게 다루어야 하는가에 대하여 이해할 수도 있을 것이다. 우리는 이 비유를 통해서 우리 안에 있는 결함들을 강압적으로 몰아내려고 하는 경건주의적인 자세에 빠지지 않도록 우리 자신을 지키는 방법을 배울 수 있다. 예수는 우리의 삶을 하느님이 좋은 씨앗을 뿌린 밭에 비유하고 있다. 그러나 나쁜 의도를 가진 원수가 밤중에 몰래 밀들 사이에 잡초 씨를 뿌려놓았다. 막 자라나고 있는 잡초들을 뽑아버리기 위해서 주인에게 묻는 일꾼들은 모든 종류의 잘못들을 즉시 제거하는 것을 선호하는 이상주의자들의 편에 서 있다. 그러나 주인은 다음과 같이 응답한다:

> 아서라, 가라지를 뽑아 그러모으다가 밀까지 함께 뽑아버릴라. 추수 때까지 둘 다 함께 자라도록 내버려 두어라(마태 13.29-30).

가라지 뿌리들이 밀 뿌리와 뒤얽혀 있어서 가라지를 뽑으면 밀도 함께 뽑힐 수 있다. 어떤 잘못도 범하지 않고 완벽하게 살아가고

자 하는 사람은 그렇게 살아가려고 노력하면서 상당한 고통을 겪을 뿐 아니라, 그러한 노력과 고통 때문에 자신의 생명력도 파괴하게 된다. 그는 자신의 약점뿐 아니라 자신의 강점까지도 파괴하게 되는 것이다. 완벽한 존재로서 완벽하게 살아가고자 하는 사람의 밭에서는 오직 걱정에 가득 찬 밀들만 자라게 된다. 많은 이상주의자들이 자신의 영혼 안에 들어 있는 가라지들에만 신경을 쓰고 그것을 뽑아 없애버리는 일에만 지속적으로 관심을 두면서 헤어나오지 못하여, 그들의 삶은 이러한 작업에 의해 상당히 고통을 받는다. 완벽함을 추구한 나머지 다른 일을 위한 마음이나 힘 또는 고생을 짊어질 여유가 없는 것이다. 가라지는 우리에게 불편한 것, 우리의 척도에 맞지 않는 것들을 모조리 밀어 집어넣은 어두운 그림자에 해당될 수 있다. 그것은 바로 우리 안에 언제나 존재하는 것이다. 가라지 씨가 밤에 뿌려졌다는 것은 가라지가 바로 우리의 무의식 세계에 존재한다는 의미이다. 우리는 의식하고 있는 낮 동안에는 모든 부정적 요소들과 어두운 것들을 거슬러 싸워나갈 수 있으나, 밤에는 가라지 씨가 뿌려지는 일이 여전히 생겨나는 것이다. 그러므로 우리는 가라지와 화해해야 한다. 그렇게 할 때 우리 삶의 밭에서 밀이 자랄 수 있는 것이다. 마지막 추수 때, 즉 우리에게 죽음의 시간이 다가왔을 때, 마침내 하느님께서 밀을 가라지와 분리시키실 것이고, 모든 가라지들을 모조리 불태우실 것이다. 가라지들을 불태우는 일은 우리가 이 땅 위에서 살고 있는 동안에는 이루어지지 않을 것이다. 만일 가라지를 불태우는 일이 우리의 지상 생애중에 일어난다면, 우리는 우리 삶의 일부분을 그 일과 함께 희생하게 될 것이다.

예수는 여러 상황에서 당신이 선택한 사람은 바로 약한 사람들과 가난한 사람들임을 보여주었다. 자신이 원하는 모든 것을 스스로 채워나갈 수 있고, 자신의 삶을 스스로 이끌어갈 수 있는 부자들은 하늘나라에서의 혼인잔치에 초대받지 않는다. 이와는 달리 가난한 자, 곱추, 절름발이, 맹인 들은 초대받는다(루가 14.12 이하). 원하는 것은 모두 소유하고 있어서 오만불손해진 부자는 자기 자신만이 가장 중요한 존재로 생각하지만(Sanford 161), 결국에는 지옥에 떨어지고 만다. 불쌍한 라자로는 우리 안에 존재하는 가난하고 소외된 존재, 상처받은 자와 고통받는 자 그리고 배고픈 자와 목마른 자를 위해 있다. 그는 하늘나라에 올라간다. 하느님께서 받아들이는 사람은 바로 잃어버린 자와 압박받는 자다("잃었던 양 비유"와 "잃었던 아들 비유"). 아무것도 소유하지 않은 사람은 하느님의 은총에 마음이 열려 있다. 예수는 가난한 자, 배고픈 자와 정의를 갈망하는 자, 슬퍼하는 자, 자신의 힘으로는 아무것도 할 수 없어서 오직 하느님의 은총에만 손을 벌리고 있는 자들을 복된 사람으로 부르고 있다. 이들이 하느님 나라를 상속받을 자들이고, 자신들의 마음속에 하느님의 통치에 대한 감각이 있는 자들이다. 예수 그리스도 안에서 하느님이 사람이 되어오심 자체가 벌써 아래로부터의 영성을 알려주는 한 표지이다. 예수 스스로 한 궁중에서 태어난 것이 아니라 마구간에서 태어났다. 한 나라의 중심인 수도에서 태어난 것이 아니라 우리에게는 별 의미가 없는 지방인 베들레헴에서 태어났다. 융C. G. Jung은 우리 자신은 하느님이 탄생하시고자 하는 하나의 마구간임을 거듭 강조하고 있다. 우리의 내면은 마구간과 같이 매우 지저분하다. 우리 스스로는 하느님께 보여드릴 어떤 것도 가지고 있지 않다. 바로 우리가 가난하고 약한 존재이기 때문에 하느님이 우리 안에 살고자 하신다. 이와 같은 동기를 우리는 예수의 세례에서 볼 수 있다. 예수가 요르단 강에 섰을 때 하늘이 열렸었다. 요르단 강에서 세례자 요한이 수많은 사람들에게 세례를 주었고, 요르단 강물은 사람들의 죄로 가득 차 있었다. 사람들의 죄로 가득 찬 요르단 강물에 서 있는 예수에게 하늘이 열리고 하느님이 말씀하셨다:

너는 내 사랑하는 아들, 나는 너를 어여삐 여겼노라(마르 1.11).

이와 같은 현상이 우리에게도 일어날 수 있다. 우리가 예수와 같이 요르단 강물 속에 들어가 우리 자신의 죄 위에 설 때, 하늘이 우리 위에 열리고 하느님께서 우리 존재 자체를 절대적으로 인정하시는 다음과 같은 말씀을 하시게 된다:

너는 내 사랑하는 아들 딸, 나는 너를 어여삐 여겼노라.

예수는 십자가상의 죽음을 거쳐 죽음의 세계로 내려갔다. 초대교회는 예수의 지옥행차die Höllenfahrt Jesu, den descensus ad inferos를 구원의 원형原形으로 보았다. 초대교회는 성주간의 성 토요일에 예수의 땅속 깊은 곳으로 내려가심에 대하여 묵상했다. 더 이상 내려갈 곳이 없는 막다른 곳인 지옥, 모든 친교가 단절된 곳, 아무것도 더 이상 할 수 없는 곳, 철저히 고립되어 극심하게 외로운 곳, 바로 그곳에서 회개가 시작되고, 그곳에서 예수가 사람들의 손을 잡아 삶의 영역으로 끌어올린다. 오리게네스 이후로 땅 아래 지옥으로 내려가는 표상은 그리스도가 우리의 영혼 안에 자리잡고 있는 어둠의 세계로 들어가는 표상이 되었다. 대 마카리우스Maka-rius der Große는 이렇게 말하고 있다:

> 심연深淵은 너의 마음 안에 있고, 지옥은 너의 영혼 안에
> 있다(Miller, 170).

초대교회 교부들은 영혼의 어두운 곳으로 그리스도가 들어가는 것을 구원의 행위로 보았다. 우리 영혼의 깊은 곳에 빛이 비치고, 억압되어 있던 모든 것들에 그리스도의 손길이 닿아 생명으로 일깨워진다. 아래로 내려가는 것과 위로 올라오는 것은 모든 종교에서 인간이 하느님에 의해 변화되는 것을 서술하는 표상들이다.
  요한 복음에서는 아래로 내려감과 위로 올라감이라는 두 단어로 그리스도 안에서 이루어진 구원의 신비를 서술하고 있다:

> 하늘에서 내려온 이, 곧 인자말고는 아무도 하늘로 올라간
> 적이 없습니다(요한 3.13).

만약 우리가 그리스도와 함께 하늘로 올라가기를 원한다면, 먼저 그리스도와 함께 땅으로, 세속적인 세계로, 우리 자신이 지니고 있는 인간성으로 내려가야 한다. 에페소인들에게 보낸 사도 바울로의 편지에도 이같은 안목으로 서술한 부분이 나오는데, 이 대목은 주님 승천 대축일 전례에서 인용된다:

"올라가셨다" 함은 땅의 낮은 데로 먼저 내려오셨다는 말씀이 아니고 무엇이겠습니까? 내려오셨던 분은 만물을 충만하게 하려고 모든 하늘보다 훨씬 높이 올라가신 바로 그분입니다(에페 4,9-10).

아래로부터의 영성에 대한 고전적인 표현은 초대교회가 하나의 시편과 같이 사용하던 것이고, 이것을 사도 바울로는 필립비인들에게 보낸 편지에서 인용하고 있다:

> 그분은 하느님의 모습을 지니셨지만
> 하느님과 같음을 노획물로 여기지 않으시고,
> 도리어 자신을 비우시어
> 종의 모습을 취하셨으니
> 사람들과 비슷하게 되시어
> 어느 사람처럼 드러나셨도다.
> 자신을 낮추시어,
> 죽음에까지 십자가의 죽음에까지 순종하셨도다.
> 그러므로 하느님이 그분을 지극히 높이시어
> 모든 이름에 뛰어난 이름을 내리셨도다(필립 2,6-9).

우리의 인간성으로 내려오는 것과 하늘로 올라가는 것 안에서 초대 그리스도인들은 구원의 본질을 보았다. 그들은 여러 가지 새로운 표상들을 동원하여 하느님께서 인간으로 내려오신 것과 종의 신분을 취하시기까지 자신을 낮추신 것을 찬미했다. 초대 그리스도인들은 이러한 표상들 안에서 하느님 사랑의 표현을 보았다. 이러한 것은 그리스도 이전에는 인간의 머리로는 상상도 할 수 없던 것이었다. 그리스도가 아래로 내려오는 것, 스스로를 낮추는 것*kenosis*은 우리가 하느님과 인간에 대하여 가지고 있던 모든 개념들을 완전히 뒤집어놓는 것이다. 그리고 동시에 그리스도는 우리 삶의 모범이 되었다. 바울로는 우리에게 그리스도가 아래로 내려온 것처럼 행동할 것을 권면하고 있다:

> 그리스도 예수 안에서 품어야 할 생각을 서로 품으시오(필립 2,5).

나. 수도회의 전통

초기 수도회의 수도자들은 자신이 처한 현실을 통해서 하느님께로 다가갔다. 하느님을 만나는 것은 우선 자신을 만남으로써 이루어졌다. 그러므로 수도자가 마음을 산만하게 가지지 않고 집중하여 기도하며 관상 안에서 하느님과 일치를 이루기 전에 먼저 자신이 처한 상황과 자신이 지고 있는 구체적인 고통들을 살펴보아야 했다. 그는 하느님께로 올라가기에 앞서서 먼저 자신의 현실로 내려와야 했다. 이러한 사실은 수도원 원장(아바스)인 포이멘Poimen과 있었던 다음과 같은 교훈적인 말에서 드러난다.

> 자신이 살던 지역에서는 꽤 알려진 한 은수자가 4세기의 유명한 수도회 교부들Mönchsväter 중의 한 사람인 포이멘 아바스와 대화하기 위해 찾아왔다. 이 은수자를 이미 알고 있던 한 수도자가 그를 포이멘 아바스에게 데려가서 소개했다: "이 은수자는 대단히 큰 인물입니다. 자신이 살고 있는 지역에서는 존경과 사랑을 무척 받는 분입니다. 일전에 이분께 아바스님에 대하여 말씀을 드렸더니, 이분이 아바스님을 뵙기 위해서 이렇게 찾아오셨습니다." 아바스는 은수자를 친절하게 맞이하면서 서로 인사를 나누고 한자리에 마주앉았다. 곧 이어서 은수자는 성서와 영적인 요소들 그리고 천상적인 것들에 관하여 말하기 시작했다.

그러나 포이멘 아바스는 머리를 다른쪽으로 돌리고는 어떠한 대답도 하지 않았다. 그 은수자는 아바스가 그와 대화하기를 원하지 않는다는 사실을 알고는 어두운 마음으로 그 자리에서 일어나 자신을 안내한 수도자에게 가서 이렇게 말했다: "저는 이번에 이 순례를 공연히 온 것 같습니다. 아바스님은 저하고는 한마디의 말도 나누기를 원하지 않으셨습니다!" 그래서 그 수도자는 포이멘 아바스에게 가서 말했다: "원장님, 당신을 뵙기 위해서 이분은 먼 길을 걸어서 왔습니다. 그는 자신이 살고 있는 지방에서 상당한 존경을 받고 있는 매우 큰 인물입니다. 그런데 원장님은 그분과 왜 한마디도 나누지 않으셨습니까?" 나이가 지긋한 아바스는 이렇게 털어놓았다: "그는 아주 높은 곳에 살고 있고, 천상적인 것에 대하여 말하더구나. 그런데 나는 이 아래 지상에 속하는 존재이고, 세상적인 것을 말하는 사람이지. 만약 그가 영혼이 겪고 있는 고통에 대해서 말했더라면, 나는 그에게 어떤 대답을 했을 거야. 그런데 그가 영적인 것에 대하여 말한다면, 나는 그 말이 무엇을 뜻하는지 도무지 이해하지를 못한다네." 그 수도자는 밖으로 나가서 은수자에게 이렇게 말했다: "아바스님은 성서에 대해서는 쉽게 말씀하시지 않습니다. 그런데 누군가가 그분에게 영혼의 고통에 대하여 말씀드리면, 그에게 응답을 주십니다." 그 은수자는 곰곰이 생각에 잠겼다가 아바스에게 가서 다시 말하기 시작했다: "영혼의 고통이 극심하여 저를 짓눌러오면 제가 무엇을 해야 합니까?" 이 말을 들은 아바스는 밝은 표정으로 그에게 말했다: "당신은 이제사 제대로 온 것 같습니다. 이러한 것들에 대하여 물으시면 채워드리겠습니다." 두 사람 사이에 긴 대화가 이어졌고, 많은 유익한 말씀을 들은 은수자는 마침내 이렇게 말했다: "오기를 정말 잘 했다. 이렇게 온 것이 맞는 일이었어!" 그는 훌륭한 큰 성자와 대화하게 된 것에 대하여 크게 기뻐하면서 하느님께 감사하는 마음으로 자신이 살던 지역으로 돌아갔다(Apo 582).

그들이 자신에 대하여 솔직해져서 그들의 고통들에 대하여 대화할 때 비로소 그들은 자신들을 영으로 감싸고 있는 하느님께 도달했다. 자신들이 처해 있는 실재적인 상황에 대하여 언급하는 대화중에 하느님은 그들에게 직접 다가오셔서 체험할 수 있는 존재가 되어주신다. 그들은 자기 자신을 만남으로써 서로 하느님을 만나게 된다. 포이멘은 여기서 아래로부터의 영성을 대변하고 있다. 그는 고통, 느낌 그리고 필요한 요소 들을 말하는 것에서 시작하고 있다. 이러한 요소들부터 고려해야 우리는 참된 하느님을 만날 수 있게 된다. 그렇지 않을 때 하느님을 만나기보다는 자신이 설정한 투사投寫만을 만나게 된다. 관상, 하느님과의 일치에로 나아가는 영적 길은 자신이 지닌 고통과 생각들을 피하지 않고 직접 대면하는 과정을 거쳐야 된다.

　이러한 것에서 자신의 죄를 체험하는 것도 한 길이고, 자기 스스로는 더 이상 나아질 수 없는 무능함을 체험하는 것도 한 길이다. 자신의 죄에 대해 눈물을 흘리며 통곡하는 것도 초세기 수도

자들에게는 하느님을 강하게 체험한 것을 표현하는 한 방법이었다. 시리아의 이사악Isaak der Syrer은 이렇게 말하고 있다:

> 자신의 죄를 인식하는 사람은 기도를 통하여 죽은 자를 일으켜세운 사람보다 더 큰 사람이다. … 한 시간 동안 자기 자신의 부족함에 대하여 신음하고 한탄한 사람이 오히려 우주에 대하여 가르치는 사람보다 더 큰 사람이다. 자기 자신이 지닌 약한 부분을 알고 있는 사람은 천사를 보는 사람보다 더 큰 사람이다. … 혼자서 어려움을 못 이겨 고통스러워하면서 이를 악물고 외롭게 그리스도를 따르는 사람은 교회 공동체들의 수많은 사람들의 환호 속에서 기뻐하는 사람보다 더 큰 사람이다(Lafrance 11).

아토스Athos 산 위에서 초세기 수도자들의 생활 방식을 따라 성인처럼 살다가 1938년에 돌아가신 스타레츠 실뤼안Starez Siluan은 악마들을 거슬러 아무런 효과도 없이 오랫동안 싸운 일이 있었는데, 어느 날 밤에 하느님의 응답을 들었다:

> 교만한 자들은 악마들에게 지속적으로 시달립니다. 주님, 당신께서는 자비하십니다. 그러하오니 저의 간절한 청을 들어주시어 제가 어떻게 하면 겸손해질 수 있는지 알게 해주십시오! 그러자 주님께서는 나의 영혼에게 다음과 같이 응답하셨다: 너의 의식을 지옥 속에 꽉 붙들어두고 더 이상 절망하거나 고민하지 말아라(Lafrance 51f).

실뤼안은 이것을 통해 마음의 정화와 안정을 얻었다. 자신의 의식을 지옥 속에 붙들어두고 더 이상 절망하거나 고민하지 말라는 것은 무엇을 의미할까? 지옥이라는 것은 하느님과 완전히 분리되는 것, 내적 분열, 경직, 공허를 의미한다. 지옥은 우리 모두에게 존재한다. 우리가 이 지옥에서 도망치지 않고, 우리 영혼 안에 존재하는 이 심연 속에 우리의 의식을 둔다면, 하느님만이 우리를 이러한 지옥에서 해방시키실 수 있는 분임을 알게 된다. 가장 깊은 밑바닥에 내려가 있을 때, 바로 그곳에서 모든 회개가 시작되고, 극심한 곤궁과 외로움 속에서 그리스도의 구원이 우리에게 다가와 작용하게 된다. 올리비에 끌레망Olivier Clément은 스타레츠 실뤼안의 경험을 자신의 몸으로 직접 체험한 일이 있다. 그에게는 부활 전례에서 노래하는 바와같이 그리스도의 구원이 지옥의 심연에까지 도달하여 영향을 미친다는 사실이 분명해졌다:

오늘부터 하늘과 땅 그리고 지옥에 이르기까지 모든 것이 빛으로 가득 차게 되었다. 자신이 지옥으로부터 구원된 사실을 알게 된 사람은, 바로 그 지옥 안에서 구원되었다는 사실을 알게 된 사람은 주님의 오른쪽과 왼쪽에서 함께 십자가에 못박힌 두 강도 중 하나가 되는, 어느 쪽이든간에 하여간 십자가에 함께 못박힌 강도가 되는 오직 한 가지 선택권밖에 없다는 사실을 알게 된다. … 이것이 의미하는 것은 최선을 다해 겸손한 자세를 가지고 지속적인 회개 *metanoia*, 즉 이 세상에 집착하는 것에서 돌아서는 것, 자기 자신을 우상화하는 것을 깨뜨리는 것이다(Clément 130).

아래로부터의 영성은 안토니오Antonio 아바스의 말에서도 분명하게 드러난다:

> 네가 만약 한 젊은 수도자가 자신의 의지로 천상세계에 도달하기 위해서 노력하는 것을 보게 되면 그의 두 발을 꽉 잡고 아래로 끌어내려라. 왜냐하면 그러한 노력이 그에게 아무런 쓸모가 없기 때문이다(Smolitsch 32).

특히 젊은 사람들이 높은 이상적 요소들을 실현하고자 가능한 한 빨리 영성의 대가가 되기 위해 극단적으로 길게 묵상하는 위험에 쉽게 빠진다. 안토니오는 이것에 반대하고 있다. 하느님께 도달하고자 하는 젊은이는 먼저 자기 자신과 자신의 현실을 있는 그대로 살펴보아야 한다. 그렇지 않을 경우에는 밀초로 만들어진 날개로 위를 향해 날아오르다가 아래로 추락한 이카루스Ikarus처럼 그는 급격히 아래로 추락하고 말게 된다. 우리는 땅에 두 발을 단단히 딛고 서 있어야 한다. 그래야만 비로소 힘차게 땅을 박차고 하느님께로 도약해 오를 수 있다. 미국인 묵상 연구가인 존 웰우드John Wellwood는 영적 우회spiritual bypassing, 즉 영적 생략spirituelle Abkürzung에 대하여 말하고 있다. 그는 이 말을 영성적 기술이나 훈련들에 의해 "인간의 기초적인 충족 욕구, 느낌 그리고 자신을 발전시켜야 하는 과제 들을 부정하거나 재빠르게 초월시키는 것"(Wellwood 69)을 의미하는 것에 사용하고 있다. 아래로부터의 영성은 내가 나의 영적 길을 가는 데 있어 먼저 나 자신이 처한 현실을 인정하고 나의 생명력Vitalität과 성적 활력Sexualität*을 받아들일 것을 요구한다. 그렇지 않을 때 나의 어두운 부분을 건너뛰어서 "영적 우회"를 거쳐서 섣불리 하느님께로 나아가려고 하게 된다. 그러나 이때의 하느님은 참된 하느님이 아니라 하느님에 대해 나 자신이 그려놓은 하나의 투사에 지나지 않는 것이다.

니니웨의 이사악Isaak von Ninive은 다음과 같은 말을 전해주고 있다:

> 너의 내면에 자리잡고 있는 보물창고 안으로 들어가도록 노력하여라. 그러면 너는 그 안에서 천상적인 것을 볼 것이다! 왜냐하면 너의 내면의 세계와 천상적인 것은 하나이고 같은 것이기 때문이다. 너 자신 안으로 들어감으로써 너는 두 가지 다 보게 된다. 하늘나라로 올라가는 사다리는 네 안에, 너의 영혼 안에 보존되어 있다. 네 안에 존재하는 죄에서 시작하여 나아가 너 자신 안으로 깊이 침잠해 내려가라. 그러면 그곳에서 네가 위로 올라갈 수 있는 계단을 발견하게 될 것이다(Bickell 302).

여기서는 하느님께로 가는 길이 자신의 실재 안으로 깊이 내려가는 것 안에 있다. 자신의 깊은 곳으로 침잠해 들어가는 것은 자신의 죄에서 시작한다. 바로 죄가 나 스스로 구성한 영성적 이상들을 버리고 내 영혼의 밑바닥 깊숙히 뛰어내리도록 압박을 가할 수 있는 것이다. 바로 그곳에서 나는 나 자신의 마음을 만나며

---

* 이 단어는 성, 성생활, 성욕 등으로도 번역할 수 있으나 여기서는 앞뒤 내용을 고려하여 "성적 활력"으로 옮겼다. 이 책에서 이 단어가 수차례 나오는데, 성적 활력이란 단어가 어색하다고 생각되면 앞의 내용 중 하나 또는 여럿을 독자가 나름대로 선택할 수 있을 것이다 — 역자 주.

동시에 하느님을 만나게 된다. 바로 그곳에서 나는 하느님께로 상승해 올라가는 사다리를 발견하게 된다.

가자의 도로테오Dorotheus von Gaza 아바스의 다음과 같은 말에서도 아래로부터의 영성은 드러나고 있다:

> 너의 추락이 너를 교육하는 선생이 될 것이다(Dorotheus 41).

바로 추락, 좌절, 죄 등이 우리를 하느님께로 인도하는 선생이 될 수 있다. 도로테오는 우리에게 다가오는 어려움 또는 좌절과 실패가 제각기 고유한 의미를 지닐 수 있다고 확신하고 있다:

> 하느님께서는 그러한 것들이 다가오는 것이 나의 영혼에 유익함을 아셨고, 그래서 그것들이 나에게 다가온 것이다. 하느님께서 그렇게 생겨나도록 허락하시는 것은 반드시 어떤 목적이 있기 때문이다. 일어나는 모든 것에는 의미가 있고 목적이 있다. 그러므로 어떠한 불편과 어려움이 있더라도 용기를 잃어서는 안된다. 모든 것은 모든 일을 내다보시는 하느님의 섭리하에서 이루어지고 하느님의 거룩한 뜻이 이루어지도록 하는 것이다(157f).

겸손에 대한 초기교회 교부들의 말씀은 초세기 수도자들의 영성이 아래로부터의 영성임을 보여주고 있다. 초세기 수도자들은 현실을 피하지 않고 직면함으로써 그리고 더 나아가 좌절과 실패의 쓰라림을 통해 오히려 더욱더 하느님께 나아갔던 것이다.

다. 베네딕도 성인의 규칙

베네딕도 성인은 아래로부터의 영성을 자신이 저술한 수도회 규칙서의 가장 긴 장(Kapitel) 속에서 서술하고 있다. 그것은 바로 겸손에 대하여 논한 제7장이다. 이 장이 일곱번째의 순서에 놓여 있는 것도 우연이 아닌 것으로 짐작된다. 일곱은 인간이 하느님에 의해 변화되는 것을 표시하는 수이다. 인간의 내면으로 깊이 파고들어 와서 변화시키는 성사의 수도 일곱이고, 성령의 은사도 일곱이다. 수도자들은 이 7장을 자주 읽고 깊이 묵상했다. 겸손이란 어휘는 우리 귀에 부정적으로 들려온다. 성서의 전통과 교부들은 겸손humilitas을 윤리적 덕행이나 사회적 덕행이 아니라 하나의 종교적 자세로 여겼다. 그러므로 겸손에 대한 장에서는 수도자들이 걸어가야 할 덕행의 길에 대하여 서술한 것이 아니라 영성의 길, 내적인 길, 인간적인 성숙의 길, 관상의 길 그리고 점점 더 늘어나는 하느님과의 체험의 길에 대하여 서술했다. 겸손의 길은 우리 각자가 벗어날 수 없는 땅과의 밀접한 관계성과 인간성에로 내려가는 것에서부터 시작하여 하느님께로 나아가고 있다. 내려감을 통해 올라감은 베네딕도 수도회적인 아래로부터의 영성의 역설Paradox이다.

겸손에 관한 베네딕도 성인의 생각은 교회 교부들과 초세기 수도회의 전통을 따르고 있다. 바실리오 성인의 겸손에 대한 생각은 "너 자신을 알라"는 말 속에 들어 있으며, 오리게네스에게 겸손은 모든 덕행들을 다 내포하는 덕행이고, 그리스도가 인류에게 준 매우 값진 선물 중의 하나이며, 그리스도인이 지닌 힘의 본질적인 원천이었다(RAC 756). 겸손만이 우리를 참된 관상으로 나아가게 한다. 니싸의 그레고리오Gregor von Nyssa는 인간이 하느님을 닮을 수 있는 것은 오직 겸손을 통해서만 가능한 것으로 생각했다. 그러므로 겸손은 하느님을 닮아가는 길이다. 요한 크리소스토모Johannes Chrysostomus는 겸손을 인간의 품위와 함께 보면서 잘못된 자기비하에 대하여 경고하고 있다. 아우구스티누스는 겸손에 대한 가르침을 누구보다도 더 상세하고 치밀하게 펼쳤다. 그에게 겸손은 자신의 한계를 아는 것이고 참된 자기인식Selbsterkenntnis이었다. 겸손 속에서 인간은 자신이 하느님이 아니라 일정한 한계가 있는 인간이라는 사실을 인식하게 된다: "하느님이 인간이 되어 오셨다. 너 사람아, 네가 인간이라는 사실을 인식하여라! 너의 모든 겸손은 너 자신을 아는 데 있다." 우리의 겸손은 십자가상에서 죽기까지 낮추신 그리스도의 겸손, 그리하여 우리에게 구원을 가져온 그분의 겸손을 모방하는 것이기도 하다. 그리스도의 겸손은 "무엇보다 먼저 하느님의 구원행위이다"(RAC 772). 그러므로 겸손은 덕행이기만 한 것이 아니라, 인간을 그리스도와 연결시키는 하나의 종교적인 자세이다. 그래서 아우구스티누스는 죄를 지었기에 겸손한 자세를 가지는 것이 덕행을 쌓고 겸손하지 않은 것보다 오히려 낫다고 말하기까지 했다.

겸손은 하느님을 향해 나를 열게 한다. 그리고 죄는 내가 하느님께 항복하도록 압력을 가할 수 있다. 내가 나 스스로를 보장할 수는 없다. 내가 죄를 짓지 않는다고 확신할 수 없는 것이다. 나는 완전히 하느님께 의존하며, 하느님 손에 달려 있는 존재다. 덕행은 우리가 자신의 힘으로 하느님께 도달할 수 있다고 잘못 생각하게 할 수 있다. 누군가 덕행을 쌓음으로써 하느님께 도달하려고 노력한다면, 그는 자신의 머리를 한 튼튼한 벽에 들이박는 것과 같다. 그는 하느님께로 인도하는 문들을 찾아내지 못하고 만다. 하느님께로 인도하는 문들은 겸손과 스스로의 힘으로는 깊은 신심과 성인의 경지에 도저히 도달할 수 없다는 사실을 인정하는 것에 있다.

철학자 볼노프O. F. Bollnow는 겸손에 관한 베네딕도 성인의 관점은 하나의 종교적인 자세란 것을 인정하고 있다:

> 겸손은 자신보다 더 뛰어난 능력이나 지위를 가진 사람에 대하여 그렇지 못한 사람이 가지는 하나의 상대성에서 유발되는 행위가 아니라, 자신의 힘으로는 구원에 이를 수 없음을 경험한 인간이 하느님께 대하여 가지는 기초적이고 근본적인 자세이다. 여기서 겸손은 인간이 가진 제한성을 인식하는 것에 근원을 두고 있다. 이 제한성은 단순히 인간이 지닌 힘들이 제한되어 있는 것만을 의미하는 중립적인 것이 아니라, 더 나아가 훨씬 더 깊은 의미를 지닌 인간의 무의미성까지, 인간이 궁극적으로는 아무것도 아닌 존재라는 것까지 의미하는 것이다(Bollnow 131).

겸손은 하느님을 체험하는 것에서 나온다. 이것은 인간이 자기수련을 통하여 획득하는 것이 아니라, 영원하시고 신비에 가득 찬 하느님을 체험할 때 취하는 자세이며, 자신은 이러한 하느님에게서 창조된 유한한 피조물이라는 사실을 인식할 때 가지는 자세이다. 그러므로 겸손에 대하여 서술한 장은 더 늘어나는 하느님 체험에 대한 서술이며, 더 명료해지는 인간의 자기인식에 관한 서술인 것이다. 베네딕도 성인은 이 장에서 수도자가 어떻게 하느님께 더 가까이 갈 수 있으며, 인간이 사랑과 치유의 하느님 곁에서 어떻게 변화되는지 서술하고 있다. 베네딕도 성인에게 겸손은 인간이 자신의 노력으로 성취하는 덕행이 아니라, 인간이 그 안에서 성숙해 가는 하나의 체험이다. 그에게 겸손은 하느님을 참으로 만나기 위한 하나의 전제조건이다. 또한 겸손은 하느님을 체험할 때 따라오는 요소이기도 한 것이다. 내가 하느님께 가까이 갈수록 부족한 자신의 진면목이 드러나서 점점 더 강한 강도로 가슴 아프게 된다. 내가 온갖 실패 속에서 나의 참 모습을 알게 될수록 그만큼 더 나는 하느님께 마음의 문을 열게 된다. 베른하르드 폰 클라보Bernhard von Clairvaux는 겸손을 자기 자신을 있는 그대로 인식하는 것verissima sui agnitio(참조: PL 182, 942)으로 정의했다.

　베네딕도 성인에게 겸손은 자신을 열고 다가와서 우리 인간과 똑같이 되신 그리스도를 본받아 행하는 것이었다(필립 2,6 이하). 겸손 속에서 우리는 하느님과 동등했던 자신의 신분에 연연해하지 않고 자신을 낮추어서 십자가의 죽음을 받아들이기까지 한 예수 그리스도의 정신 안으로 성장해 나갈 수 있다. 교부들에게 겸손은 관상과 영적 삶을 걸어가기 위한 전제조건이었다. 베네딕도 성인은 겸손을 완전한 사랑과 관상 안에서 하느님과의 일치로 나아가기 위한 훈련 과정으로 보았다. 이 완전한 사랑caritas은 그리스도에 대한 사랑amore Christi 그리고 덕행에 관한 의욕dilectatione virtu-tum으로 특징지어진다. 이때의 덕행이란 윤리적 차원이 아니라 인간이 하느님에게서 부여받은 힘이다. 겸손은 사람이 자신의 생명력을 발휘하도록 하며, 하느님의 성령이 작용하는 삶을 살아가도록 한다. 겸손의 길의 목적은 인간을 비하시키는 것humiliatio이 아니라 하느님의 성령으로 변화시키고, 인간을 들어높이는 것이다. 하느님의 성령은 겸손의 길을 걸어가는 인간에게 깊이 파고 들어와 그가 이러한 새로운 삶에 강한 흥미를 갖도록 내적 충동을 불러일으킨다.

베네딕도 성인이 성서를 겸손에 관한 장에서보다 더 많이 인용한 장은 없다. 겸손에 관한 장에서 성서를 가장 많이 인용한 베네딕도 성인은 이것을 통하여 수도자가 겸손을 통해 성서에서 요청하는 가장 기본적인 자세를 익혀나갈 수 있다는 사실을 말하고 있다. 하느님이 성서를 통해 우리에게 계시하신 생명의 길은 겸손을 통해 걸어갈 수 있고 실현해 나갈 수 있는 것이다. 베네딕도 성인은 제7장을 다음과 같은 성서 구절로 시작하고 있다:

누구든지 자신을 높이는 사람은 낮추어지고 낮추는 사람은 높여질 것입니다(루가 14,11).

겸손에 대해 서술한 장에서 베네딕도 성인이 말하는 것은 예수의 말씀을 실천해 나가고, 예수의 정신 안으로 성장해 나가자는 것이다. 이 과정에서 우리는 예수가 자신을 낮추었다는 말을 윤리적으로 이해해서도 안되고, 자기 자신을 작은 존재로 만들거나 작은 존재로 여겨야 하는 의미로 알아들어서도 안된다. 그보다는 훨씬 더 심리학적으로 이해해야 한다. 높은 이상적 요소들을 추구하면서 자신을 높은 수준으로 들어높이려고 시도하는 사람은 필연적으로 자신의 어두운 부분과 대면하게 된다. 그는 자신 안의 여러 가지 인간적 요소들, 땅에 밀착해 있는 자신의 본성Erdhaftigkeit, 자신의 땅humus에서 벗어날 수 없으며, 이들 위에 서 있어야 하고, 이들의 압력을 받게 된다. 높은 이상을 실현하여 그러한 수준에서 살아가고자 강하게 원해 온 그는 이러한 요소들에 의해 땅으로 끌어내려지고 작은 존재가 된다. 그 스스로 자신을 너무 높은 곳에 올려두었기 때문에 아래로 추락하게 되는 것이다. 잠을 자다가 끊임없이 아래로 추락하는 꿈을 꿀 때가 있는데, 그것은 스스로를 너무 높이 올려놓은 것을 시사하는 것이다. 내가 아래로 깊이 떨어지는 꿈은 내가 아래로 내려와서 자신이 지닌 인간적인 요소들과 화해할 것을 요청하는 것이다. 자신을 스스로 낮추는 사람은 높여질 것이라고 예수는 말하고 있다. 자기 자신이 처해 있는 실재적인 상황으로 내려오는 사람, 자신의 무의식 세계에 자리잡은 심연과 자신의 어두운 그림자의 영역으로, 자신의 노력에도 불구하고 존재하는 무능력으로 내려오는 사람, 자신의 인간성과 땅에 밀착해 있는 본성을 대면하는 사람은 하느님을 향해 올라가게 되고, 참된 하느님을 만나게 된다. 모든 영적 삶의 목표는 하느님께 도달하는 것이다. 플라톤에서 시작해 인간 역사 안에서 표현된 하느님을 향해 올라가려는 모든 시도들은 인간의 내면 깊숙히 자리잡은 근원적인 그리움이다. 베네딕도 성인이 겸손을 논한 장에서 말한 아래로부터의 영성의 역설은 우리가 우리 자신의 실재적인 상황으로 내려와야 하느님께로 오를 수 있다는 것이다.

모든 것을 자기 자신에게 믿고 맡기며 자신의 윤리적인 성취력에 자부심을 가지고 있는 바리사이인은 하느님에 의해 낮아진다. 왜냐하면 그는 하느님을 올바로 이해하지 못했기 때문이다. 그는 자신이 매우 가치있는 존재라는 생각을 높이는 데 하느님을 이용하고 있다. 이때의 하느님은 참된 하느님이 아니라 그가 설정한 하느님이고, 그는 자신이 만든 가짜 하느님에게 봉사하고 있는 것이다. 그러므로 그는 하느님께 자신을 내맡길 수 있기 위해서도 먼저 자신이 현실적으로 필요로 하는 요소들을 대면해야만 한다. 겸손한 마음으로 자신을 있는 그대로 솔직하게 인식한 세리는 하느님의 자비하심에 자신을 모두 내맡겼기 때문에 하느님에 의해서 일으켜지고 높이 들어올려지게 된다. 그는 자기 스스로는 더 나아질 수도 자기 자신을 보장할 수도 없다는 사실을 알고 있다. 그는 하느님께 모든 것을 의지할 수밖에 없다. 하느님만이 그를 일으켜세우실 수 있고 올바르고 정의롭게 만드실 수 있다.

베네딕도 성인은 겸손의 12단계를 야곱이 꿈속에서 본 사다리와 비교하고 있다. 야곱이 꿈속에서 본, 천사가 오르내리는 사다리는 교부들에게는 관상을 나타내는 하나의 표상이고, 하늘은 이 관상 안에서 우리에게 그 문을 열게 된다. 아우구스티누스는 그리스도를 "우리의 사다리"scala nostra로 보았다. 그리스도 자신이 우리에게 내려오셨고, 그래서 우리는 그를 통하여 사다리를 타고 올라가듯이 하느님께로 올라갈 수 있게 된 것이다. 교부들은 이 사다리의 양쪽 두 기둥을 구약성서와 신약성서 또는 하느님과 이

웃에 대한 사랑으로 해석하고 있다. 베네딕도 성인은 영혼과 육신을 이 사다리의 두 기둥으로 보고 있다. 하느님께서는 우리의 육신과 영혼 안에 하나의 사다리를 놓으셔서 우리가 당신께 올라가도록 하셨는데, 우리가 겸손 안에서 먼저 아래로 내려갈 때 다시 올라갈 수 있는 것이다. 베네딕도 성인은 우리가 하느님께로 올라가는 길은 육신과 영혼의 긴장을 거치게 되어 있다고 한다. 그에게 하느님께로 올라가는 길은 순수한 영적인 길이 아닌, 영혼뿐 아니라 육신도 함께 충분히 고려하는 길이다. 하느님께로 나아가는 길에서 우리는 어떠한 것도 생략하여 뛰어넘어서는 안 되는 것이다. 그러므로 우리는 한 단계 한 단계, 또 한 단계 한 단계씩 올라가야 한다.

야곱은 하느님의 천사들이 오르내리는 사다리를 꿈속에서 보았다(창세 28,10 이하). 그 꿈은 야곱이 그의 구체적이고 현실적인 삶 한가운데에 계시는 하느님을 인식하게 했다. 꿈을 꾼 당시에 야곱은 도망중에 있었다. 그 상황은 그가 삶의 가장 깊은 심연과 실패에 놓여 있는 것을 의미하며, 자신의 삶을 위해 설계했던 모든 계획이 수포로 돌아가 스스로의 힘으로는 어떠한 것도 할 수 없음을 의미한다. 이러한 상황 속에서 하느님은 야곱이 하느님 당신을 인식하도록 하신 것이다. 꿈속에서 하느님은 야곱에게 그가 잠자고 있는 바로 그 장소가 성스러운 장소라고 말씀하신다. 그리고 하느님은 그와 언약하신 것이 모두 이루어질 때까지 그와 함께 있겠고, 그가 가는 곳 어디든지 따라가겠다고 야곱에게 약속하신다. 그 꿈은 비록 처음에는 라반에게서 겪는 실망에서 시작하기는 하지만 야곱에게 그가 가야 할 길의 목표를 제시한다.

이 길은 하나의 보상적 의미kompensatorische Bedeutung를 지니고 있다. 외적으로는 모든 것이 의미 없고 희망도 없는 것으로 보여진다. 그러나 하느님께서 꿈속에서 상황을 바꾸어 놓으신다. 하느님은 야곱에게 그가 아무런 희망을 가질 수 없는 막다른 골목에 있을 때, 하느님 당신의 모든 것을 당신의 선하신 섭리 안으로 받아들일 수 있음을 보여주신다. 그리고 야곱은 도망자인 자신의 처지에서 하느님에게서 도망치는 것이 아니라 하느님의 품안으로 달려들어간다. 사막에서 그가 걸려넘어질 수도 있었던 길 위의 그 돌이 하느님의 자비와 신뢰를 알려주는 기념비가 된다.

우리가 베네딕도 성인이 말한 겸손의 12단계를 야곱의 사다리의 관점에서 본다면, 이 12단계는 우리를 하느님이 당신 자신을 인식하도록 열어주시는 막다른 길로 인도해 간다. 그래서 야곱의 길을 방해했던 돌이 기념비로 사용되는 것같이, 이 단계들은 우리에게 하느님의 현존을 알려주는 거룩한 제단의 돌들이 될 것이다. 12단계들은 관상으로 나아가게 하며, 내적 성장의 길, 하느님께로 나아가는 길이다. 12는 전체를 지칭하는 수로서 10과 같이 각 구성원들이 완전히 하나가 되는 것을 의미할 뿐 아니라 공동체를 이루는 것을 의미하기도 한다. 이스라엘도 12지파로 이루어졌고, 예수의 사도들도 12로 구성되었다. 겸손의 단계들을 통해서 수도자는 형제들과의 공동체 속에서 완전에 이르며, 그 공동체 안에서 하느님을 만나게 된다.

겸손의 12단계에 대하여 좀더 깊이 분석하여 고찰해야 할 일들이 아직 남아 있을 것이다. 그러나 여기에서 우리에게 필요하고 충분한 것은 베네딕도회의 영성이 아래로부터의 영성이란 사실과 이 영성은 삶의 실재적인 상황으로 내려가는 것을 통하여 하느님께로 올라간다는 사실이다. 겸손의 12단계는 인간이 변화되는 단계를 말하는 것이다. 초기 1단계에서 4단계까지는 인간의 의지의 변화에 대하여 언급하며, 5단계에서 8단계까지는 생각과 느낌의 변화를, 9단계에서 12단계까지는 육신의 변화를 언급하고 있다. 인간의 내면에 존재하는 모든 것과 더불어 한 인간 전체가 갈 길의 막다른 지점까지 나아가서 하느님을 향해 열려져야 한다. 우리 안에 존재하는 모든 것, 즉 느낌, 필요한 요소, 고통과 희망사항 들이 모두 하느님께로 내놓아져야 하며, 그렇게 할 때 하느님께서 그것들을 변화시키실 수 있는 것이다. 변화는 우리의 생각과 느낌들을 하느님을 향해 열어놓는 것을 의미하고, 생각과 느낌들이 최종적으로는 하느님을 원하는 것을 의미한다. 우리의 생각과 느낌들을 치유하는 도구는 바로 하느님의 현존 자체다. 우리가 생각하고 느끼는 모든 것은 하느님의 현존 앞에서 이루어지는 것이다. 그 하느님은 우리가 행복하길 바라시면서 우리를 보고 계시고, 우리 생각과 느낌의 가장 깊은 곳까지 보고 아시는 분이시다. 하느님 면전에서 그리고 하느님 안에서 우리는 최종적으로는 우리의 모든 그리움과 바람을 완전히 채워주실 수 있는 분이신 하느님을 그리워하고 있다는 사실을 알게 된다.

겸손의 첫째 단계에서 베네딕도 성인은 우리에게 하느님과 관계를 맺도록 권하고 있다. 심리학자들은 관계를 상실한 것이 현대인이 안고 있는 모든 병의 주요인으로 보고 있다. 우리 안에 있는 모든 것을 우리를 사랑하시고 그 사랑으로 우리를 진리로 이끄시는 하느님께 바칠 때 치유와 변화가 일어나는 것이다. 둘째 단계에서 말하는 의지의 변화는 우리의 의지가 부서지는 것을 의미하는 것이 아니다. 우리가 지닌 고유한 의지와 고집은 어린 아이였을 때 우리에게 일어났던 아픔을 극복하기 위해서 가지게 된 기본적인 자세에 속하는 것일 수도 있다. 이러한 기본적인 자세에 속하는 것은 우리가 살아남기 위해서 가지게 된 방어수단이었을 것이다. 그리고 이러한 것은 살아남기 위해서 꼭 필요한 존재였을 것이다. 그러나 이것은 우리의 삶에 필요한 다른 요소들을 거부한다. 자신의 의지를 변화시킨다는 것은 이러한 좁은 의미의 기본적인 자세에서 벗어나는 것을 의미하고, 그러할 때 비로소 우리 안에 존재하는 삶의 새로운 요소들이 전개될 수 있다. 베네딕도 성인에게 있어서 의지의 변화는 예수의 의지 안으로 성장해 나가고, 산상수훈에서 예수가 요청하는 것을 채워나가는 것이다(넷째 단계).

느낌들의 변화는 상담을 통해 일어난다. 자신 안에서 일어나는 생각과 느낌들을 영적 아버지에게 솔직히 말함으로써 우리의 생각과 느낌의 정체가 밝혀진다. 그 느낌과 생각들을 숨기거나 억압함으로써가 아니라, 경험과 소양素養이 풍부한 형제에게 솔직히 말하고 대화함으로써 느낌과 생각들에 변화가 일어난다. 내가 그것들을 다 말할 때, 그것이 나를 하느님에게서 멀리 떼어놓는 것이 아니라 내 안에 깊이 자리잡고 있는 그리움을 드러낸다(다섯째 단계). 변화를 가져오는 또 하나의 길은 자신이 처해 있는 현실을 직면하는 것이다. 나는 나의 약점과 무능을 피하지 않고, 내가 지닌 공허와 무의욕과 화해하고 하느님 앞에 내놓으면서 시편 작가와 함께 이렇게 기도한다:

나는 미련하여 아무것도 몰랐습니다.
당신 앞에서 한 마리 짐승이었습니다.
그래도 나는 당신 곁을 떠나지 않아
당신께서 나의 오른손을 잡아주셨사오니,
나를 타일러 이끌어주시고
마침내 당신 영광에로 받아들여 주소서(시편 73.22-24).

나 자신을 주위의 관심을 끄는 흥미있는 존재로 만드는 것, 나를 중요한 존재로 여기는 것, 나를 주위의 중심적인 존재로 세우는 것 등을 모두 포기하기 위하여 나의 진면목을 면전에 두고 보아야 한다. 나는 나 자신에게서 달아날 수 없는 것이다. 그러므로 베네딕도 성인은 여섯째와 여덟째 단계에서 안락한 적응을 권하지 않고 내면의 참모습과 대면하라고 한다. 일곱째 단계에서는 자신의 실패와 화해하라고 한다. 참담한 실패 또는 더 나아가서 죄를 통하여 나는 하느님을 향해 나 자신을 열게 되며 참으로 올바른 길을 찾게 되는 것이다. 그래서 시편 작가와 함께 나는 이렇게 고백할 수 있게 된다:

고생도 나에겐 유익한 일,
그것이 당신 뜻을 알려줍니다.
당신께서 가르치신 법이야말로
천만 금은보다 유익합니다.
손수 나를 빚어 만드셨으니
깨우침을 주소서(시편 119.71-72).

베네딕도 성인에게 있어서 육체의 변화는 거동과 용모 그리고 표정에서 드러난다. 육체 안에서 그리고 육체를 통해서 우리는 하느님께 자신을 열고 있는지 아니면 자신 안에 가두고 있는지를 드러내며, 자신에게 집착하고 있는지 아니면 하느님께 나아가고 있는지, 하느님께서 우리 안에 들어오실 수 있도록 하는지 아니면 문을 닫아걸고 자신에게만 붙들려 있는지를 드러낸다. 육체의 변화는 우리의 음성과 말하는 태도에서도 드러난다(겸손의 열째 단계). 음성은 하느님께 대한 우리의 관계가 올바르게 진행되고 있는지, 우리가 하느님께서 우리 안에서 활동하시도록 하고 있는지 아니면 오직 자신의 목소리만 내고 있는지를 말해준다. 육체의 변화는 웃는 태도와 웃음소리에조차도 영향을 미친다(열한째 단계). 웃음에는 참으로 자유로운 상태를 드러내는 웃음, 기쁘고 명랑한 웃음, 구원된 자의 웃음도 있다. 웃음에는 우리 자신을 모든 것 위에 들어높이는 웃음, 현실의 모든 실재적인 것들을 진지하게 존중하지 않고 건성으로 대충대충 대하는 웃음, 우리 자신이 그것을 통해서는 도저히 조금도 거룩할 수 없는 웃음 등 냉소적인 웃음이 있다. 이러한 부정적인 요소들을 거슬러 베네딕도 성인은 우리를 치유하시고 해방시키시는 하느님께서 바로 이곳에 우리와 함께 계시는 사실에 대하여 관심을 두고 주의할 것을 권하고 있다. 하느님의 현존에 대한 주의깊은 태도는 나 자신의 육체적인 자세, 몸동작과 표정, 나의 서두르지 않는 움직임의 속도와 신중함 등에서 드러난다. 하느님께서 바로 이곳에 언제나 나와 함께 계시는 것, 즉 하느님의 현존은 나의 육체 안에까지 깊이 들어와서 영향을 미치는 것이다(열두째 단계). 육체와 몸동작의 변화, 목소리와 웃음의 변화를 통해서 겸손 안으로 들어가는 변화의 길은 완성된다. 이것은 영혼과 육체를 포함한 인간 전체가 하느님의 성령이 자신 안에서 활동하도록 하여 하느님의 사랑으로 충만됨으로써 드러난다.

베네딕도 성인이 겸손의 장에서 서술했듯이 내적인 길의 목표는 모든 두려움을 몰아내는 완전한 사랑이다. 마음을 순수하고 맑게 하여 완전한 사랑에 이르도록 하는 길은 자신이 지닌 생각들과 감정들의 실재 모습, 육체와 무의식 세계 속에 들어 있는 고통들과 욕구들의 실재 안으로 내려감으로써 이루어진다. 베네딕도 성인의 영성은 아래로부터 시작된다. 이 영성은 인간의 실제적인 모습, 욕구, 아픔과 상처, 일상생활에서 오는 성가심과 같은 현실의 구체적인 것들로 내려가서 하느님께로 올라가며, 완전한 사랑으로 올라간다. 완전한 사랑caritas perfecta은 우리가 더 이상 두려워하지 않고, 남에 의해서 좌우되거나 지배되지 않으며, 타인의 기대 또는 상승하려고만 하는 내 안의 초자아Über-Ich의 요구들을 채워나가는 것에 연연해하지 않게 한다. 완전한 사랑은 큰 수고나 어려움 없이 우리의 참된 본질과의 일치 속에서 작용해 나간다. 사랑은 우리의 제2의 본성이다. 사랑은 우리의 마음을 순수하고 깨끗하게 하여 하느님을 뵈올 수 있게 한다. 베네딕도 성인은 완전한 사랑을 세 가지로 표현하고 있다. 그리스도의 사랑amor Christi은 그리스도에 대한 감미로운 사랑과 그리스도에 대한 인격적인 관계를 의미하며, 수도자는 바로 이 사랑으로 살아간다. 좋은 습관consuetudo ipsa bona은 계명을 외적으로 남에게 보이기 위해 억지로 지키는 것이 아니라, 수도생활을 하는 수도자의 본질에 맞기 때문에 하느님이 원하시는 것을 마음으로부터 동의하면서 성심껏 실천해 나가는 것을 의미한다. 덕행들을 좋아하는 것dilectatio virtutum은 하느님께서 우리에게 선사하신 우리의 능력에 관심을 두는 것을 의미한다. 우리 안에 존재하는 변화된 본성은 이제 하느님의 모상으로서의 우리의 존재에 일치해 들어가는 것이다. 이것은 성령을 통해서 작업해 나간다. 성령은 우리를 인도하여 사랑 안에서 하느님을 뵙도록 한다. 성령은 우리가 우리의 인간성으로, 땅에 밀착되어 분리될 수 없는 존재성으로 내려갈 때 우리와 함께 내려가서 모든 것을 근본적인 바탕에서부터 변화를 일으켜 하느님을 뵙게 한다.

라. 아래로부터의 영성의 심리학적 관점들

융은 예수의 인간이 되어 오심은 아래의 세계로, 무의식의 세계로 내려감으로써 이루어졌음을 우리에게 종종 알려주고 있다. 그 스스로 에페소 4장 9절을 인용하고 있다:

> "올라가셨다" 함은 땅의 낮은 데로 먼저 내려오셨다는 말씀이 아니고 무엇이겠습니까?

그는 많은 그리스도인들이 비판적인 안목으로 대하는 심리학도 바로 이같은 것을 원한다고 말한다. 사람들은 심리학을 아주 검은 색으로 표현한다. 그것은 심리학이 아래로 내려가지 않은 사람은 결코 위로 올라갈 수 없다고 가르치기 때문이다(Band 18 II,733). 융은 그리스도가 대 개혁자로서 다른 강도들과 함께 사형에 처해졌다는 사실을 언급한다. 우리가 그 두 강도들과 화해하여 그들과 같은 처지에 놓이는 것을 받아들일 준비가 되어 있을 때 그리스도의 복음이 우리 안에 자리잡을 수 있다. 융에 의하면 자기 내면에 존재하는 어둠 속으로, 무의식의 세계로, 어두운 저 승의 세계로 내려감으로써 하느님께 나아갈 수 있다. 자아는 그 곳에서 하느님의 충만한 은총을 받아 다시 위로 올라올 수 있는 것이다. 동화 「홀레 부인」*Frau Holle** 에 등장하는 골드마리Goldmarie 와 같이 아래의 세계로 내려가야 금을 찾을 수 있고, 그런 다음에야 비로소 새로 얻은 부유함을 가지고 위의 세계에 다시 등장할 수 있다. 융에게는 우리가 자신의 어두운 그림자의 세계, 무의식의 어둠 속으로 내려갈 수 있는 용기를 가질 때, 비로소 우리 자신과 하느님을 발견하게 된다는 사실이 하나의 생활법칙이 되었다.

융은 교만한 자들이 이상적 요소들을 추구함으로써 자신을 순교자, 예언자, 성인과 같은 존재로 부풀어올리는 것에 대하여 언급하고 있다. 자신을 그러한 존재들과 동일시하는 것은 자신이 구체적으로 살아가고 있는 현실에 대하여 눈멀게 한다. 겸손은 융에게 있어서 자신의 고유한 어두운 그림자를 있는 그대로 보고 인정하는 용기이다. 자기 자신을 있는 그대로 보고 인식하는 데는 겸손이 반드시 필요한 것이다. 겸손하지 않은 사람은 자신이 지닌 어둡고 불편한 요소들을 한쪽으로 밀어젖혀 압박해 버린다. 자신의 약점을 인정하는 것만이 어두운 부분을 압박하여 감추는 기계적인 행위로부터 우리를 보호할 수 있다. 겸손은 융에 의하면 무의식 세계와 관계할 것을 요청한다. 자신의 내면에 자리잡고 있는 무의식 세계를 거부하여 부수어버리고자 하는 사람은 자신을 과장해 부풀어올리는 행위에 빠져들게 된다. 자신을 순교자, 예언자 또는 성인과 같은 전형적인 이상적 존재로 추앙받는 사람들과 동일시하는 교만한 자는 흔히 윤리적으로 비참한 처지에 빠져들거나 죄 속에 빠져드는 것과 같은 아래로 완전히 추락하는 과정을 겪어야만 치유될 수 있다.

---

* 홀레 부인은 게르만 신화에 나오는 존재로서 강설(降雪)을 다스리는 사람이다 — 역자 주.

겸손은 융에게 있어서 우리가 다른 사람을 신뢰하는 것을 발전시켜 나갈 수 있는 전제조건이기도 한 것이다. 교만은 우리를 고립시키고, 삶들로 이루어진 공동체와 분리시킨다:

> 자신이 지닌 열등한 요소들을 감추기만 하는 것은 거기서 헤어나지 못하고 그 속에서만 살아가는 것과 마찬가지로 하나의 본래적인 죄eine natürliche Sünde다. 자기 자신이 윤리적으로 훌륭하다고 고집하는 교만한 행위를 포기하지 않는 것과 자신이 잘못할 수도 있는 존재란 것을 인정하지 않는 교만한 사람에게 합당한 벌을 주어 깨닫게 하는 것은 인간의 양심에게 주어진 하나의 의무로 생각된다. 지속적으로 교만한 자에게 그 교만을 깨뜨릴 수 있는 적절한 벌이 가해지지 않으면, 그는 구체적이고 실제적인 삶의 현장에 접할 수 없는 담을 자신의 주변에 쌓게 되고, 사람들 속에 함께하는 인간이 되지 못하고 만다(Jung Bd 16,63).

나 자신의 잘못과 약점들을 인정하고 받아들일 준비가 되어 있을 때 비로소 다른 사람들과 공동체를 이루어 함께 살아갈 수 있게 된다. 내가 자신의 약점을 숨길 때 나는 다른 사람들과 단지 표면적이고 건성적인 관계만을 가질 수 있을 뿐이다. 이때 나의 마음은 다른 사람들과 참된 만남을 가지지 못한다. 그러므로 융에게 있어서 겸손은 사람들의 공동체를 위해 하나의 본질적인 전제조건이다. 융은 자신과 무조건 반드시 대화하기를 청하는 상담자에게 이렇게 말하고 있다:

만약 당신이 외롭다면, 그것은 당신이 스스로를 고립시키기 때문입니다. 만약 당신이 충분히 겸손하다면 당신은 결코 외로울 리 없습니다. 자신의 권력과 위신보다 더 우리를 고립시키는 것은 없습니다. 아래로 내려와서 겸손하게 되는 법을 배워 보십시오. 그러면 당신은 결코 혼자 있는 일이 없을 것입니다!(Jung, Briefe III 93).

같은 스위스의 심리학자인 보스Medard Boss는 하느님께로 가는 길은 자신의 내면 깊숙히 들어가는 길이란 것을 증명하고 있다:

다른 심리학자들과 함께 내가 경험한 바로는, 우리에게 찾아온 상담자나 환자들이 하느님의 영역, 즉 천상적인 것을 체험하는 단계에 이르기를 원할 때는 반드시 감각적인 경험, 좀더 구체적으로 말해서 육체적인 감각의 경험도 함께 충분히 체험해야 한다. 삶의 현장에서 나의 환자들을 분석하고 나의 건강한 제자들을 그들과 함께 배우는 한 과정으로서 시험 분석한 결과 다음과 같은 사실을 알게 되었다. 만약 그들이 지금까지 생각하지 못한 방법, 즉 감각적인 영역, 피조물적·동물적인 영역을 구체적인 방법으로 지저분하고 더러운 부분, 심지어 똥에 이르기까지 내려가 본다면, 그들에게 갑자기 아주 다른 어떤 것이 솟아올라온다. 그것은 영적인 것과 관련된 세계, 종교적인 것과 관련된 세계이다. 내가 어떠한 영향도 준 일이 없음에도 불구하고 이러한 현상이 갑자기 생겨나는 것이다. 만약 이러한 현상이 일어나기도 전에 정신적이고 천상적이며 종교적인 것이 여기에 가해졌다면, 그러면 하나의 인공적이고 과장된 종교적인 것이 솟아오를 것이고, 이것은 단단한 땅 위에 서 있는 것이 못 되는 것이다(Bitter 189).

그리고 보스는 가톨릭 신자인 환자들에 대해 말하고 있다. 그들은 성적 활력Sexualität에 대해 금기禁忌하도록 교육받았기 때문에 꿈속에서라도 성적인 것에 대한 어떤 상상들을 볼까봐 두려워한다. 그러나 성장해 나아가서 참된 자아와 하느님을 만나고자 하는 사람은 자신의 성적 활력에까지 내려갈 준비가 되어 있어야 한다:

가톨릭 신자들이 치료하러 나에게 올 때, 그리고 감각적인 영역, 지저분한 영역, 똥구멍과 같은 영역, 성적인 영역 등이 등장할 때, 그것이 꿈속에서 나타나든, 깨어 있을 때이든, 예상치도 않은 때에 갑자기 떠오르든, 어떤 그림이나 기호를 통해서 떠오르든 상관없이 어떠한 때라도 그러한 영역이 자신들의 의식세계 안에 등장할 때 그들은 두려움을 가진다. 그런 경우에 그들은 죄를 지었다고 느끼고, 나와 그들 자신을 커다란 양심의 가책으로 몰아넣는다. 내가 환자들에게 이러한 요소들을 인정하도록 하지 않을 때 그들은 자신이 처한 상황을 결코 소화하지 못할 뿐 아니라, 자신의 참된 인간성 자체를 획득하지도 못할 것이다. 인간이 가진 기본적인 욕구들을 이해하지 못할 뿐 아니라, 그것들을 인간화Vermenschlichung하지도 못할 것이다(Bitter 189).

심리통합학Psychosynthese의 창설자인 아사지올리Roberto Assagioli는 인간의 자기실현을 위한 길의 전형적 특징인 아래로 내려감과 위로 올라감이라는 도식圖式에 대해 말하고 있다. 그는 단테가 이 도식을 『신곡』神曲에서 매우 잘 표현했다고 한다:

> 『신곡』의 상징적이고 중심적인 의미는 하나의 완전한 심리통합학을 잘 표현하고 있는 표상이다. 지옥을 순례하는 대목인 제1부는 깊은 무의식 세계를 분석하면서 조사하는 과정이다. 연옥으로 올라가는 것을 다룬 제2부는 윤리적인 정화와 생동적인 기술들을 사용하여 의식의 세계로 서서히 올라가는 과정이다. 하늘 또는 천국에 도달한 것을 다룬 제3부는 다양한 단계를 거쳐서 마침내 우주적 정신인 하느님을 만나는 과정이다. 하느님 안에서는 사랑과 의지 모든 것이 녹아들게 된다(Assagioli 238 이하).

하느님께 나아가는 길은 지옥으로 내려가는 것을 거치게 되어 있다. 지옥에서 인간은 자신의 무의식 세계에 자리잡고 있는 공포를 불러일으키는 부정적 요소들을 자주 만나게 된다. 아사지올리는 환자들에게 단테의 『신곡』에 나오는 과정들을 차례대로 따를 것을 권한다. 지옥으로 내려갔다가 연옥을 거쳐 마침내 천국에 도달하기까지의 전 과정을 거치는 것이다. 이러한 과정을 거치는 노력을 하는 동안에 변화가 일어날 수 있다고 그는 생각한다.

심리분석가인 괴레스Albert Görres는 떼르뚤리안Tertullian의 "caro cardo salutis"("육체는 구원과 연결시키는 경첩")란 말을 육체는 우리로 하여금 우리가 인간이란 사실을 겸손한 마음으로 받아들일 것을 강요하고 있는 것으로 해석하고 있다. 아래로부터의 영성은 우리가 천사가 아니고 육체를 가진 존재로 이 땅 위에 태어난 존재란 사실을 진지하게 받아들인다. 하느님께서도 예수 그리스도 안에서 육체를 가진 존재로 이 세상에 태어나셨다. 육체가 우리의 감정과 고통들에 내던져진 것 자체가 구원을 가져오는 축軸이다:

> 이 축이 없다면 회개도 일어나지 않는다. 인내심이 없는 자, 화를 내는 자, 불만을 가득 품은 자, 탐욕에 사로잡힌 자는 이러한 감정들 속에서 이미 자신들이 받아야 할 것들을 받고 있다. 아픈 사람이 체온계에 자신의 높은 체온을 드러내듯이 이들은 자신이 지닌 불만족, 감사할 줄 모르는 태도, 잘못된 요구 등을 자신의 감정과 태도를 통해 드러낸다. 그런데 이러한 부정적인 감정이 동시에 구원을 가져오는 요소가 될 수 있고, 이러한 감정을 가진 사람들에게 그 감정들을 통하여 해소Katharsis와 삶의 방향을 바꾸는 회개의 기회를 가지도록 하기도 한다(Görres 21 이하).
>
> 육체는 우리들 대부분이 위대한 존재가 아니라 작은 존재라는 사실을 가르쳐준다. 육체는 우리가 자신을 우상화하거나 하느님 같은 존재로 생각하지 않게 지켜준다. 우리가 어쩔 수 없이 받아들여야 하는 실체*에 절대적으로 매여 있는 것, 주변의 환경에 의존하지 않고는 살아갈 수 없

---

* das Wesen: 존재, 실체, 본체, 본질, 본성 등의 의미를 가지고 있는데 이들 중의 한 단어를 택하여 번역하였음 — 역자 주.

는 절대적 비독립성 등은 우리 자신을 하느님과 같은 존재로 여기는 환상이나 교만에 빠져들지 않게 한다. 독재자, 수도자, 교수 같은 보통 사람들보다는 좀 뛰어난 사람들이 가끔 천사가 된 듯한 착각에 빠져들기도 하지만, 그것도 잠깐 동안 허용될 뿐, 이내 현실의 여러 요소들에 의해 이러한 환상에서 벗어나도록 강요당한다. 배고픔과 목마름, 삶을 유지해 나가는 데 필요한 기본적인 욕구들이 우리가 하느님이 아니란 사실을 우리에게 강하게 알려준다(22).

인간의 허약함은 다행히도 인간의 악의惡意를 허약한 상태로 머물게 한다. 우리가 육체를 지녔기 때문에 가지는 불행은 우리를 천국에다 매달아 놓는다: cardo salutis(23).

위로부터의 영성은 자주 우리의 육체를 건너뛰어 하느님께 나아가려고 한다. 위로부터의 영성은 우리의 육체가 정신으로 하여금 일상적으로 반복되는 진부한 일인 육체의 요구들을 채워나가는 일에 관심과 시간을 쏟게 하는 것을 매우 못마땅하게 여긴다(11). 위로부터의 영성이 가장 좋아하는 것은 우리가 천사처럼 육체적인 요소에서 완전히 벗어나는 것이다. 그러나 우리가 하느님께 나아가는 길은 육체를 거쳐야 갈 수 있다: caro cardo salutis.

융의 심리학을 계승한 뒤르크하임Graf Dürckheim은 어른으로 성장하는 길은 실존에 대해 많이 체험하는 것이라고 한다. 뒤르크하임에 의하면 이 길 역시 자기 고유의 어두운 부분, 외로움과 슬픔으로 내려갈 용기가 필요하다. 성장해 나가는 길의 목표는 하느님의 모상이 그 사람에게서 드러나며, 그가 자신의 참된 본질을 있는 그대로 알고 받아들이는 것이다. 성장의 길은 그 길을 걸어가는 동안에 자신 안에 지니고 있는 참된 모습을 점점 더 표출시켜 가는 길이다. 뒤르크하임은 사람이 큰 어려움을 겪을 때 실존에 대한 진정한 체험을 할 수 있는 것으로 생각하고 있다:

> 우리가 자신의 힘과 지혜의 한계에 부딪쳐 실패하는 경우가 있는데, 이런 때에 우리 자신을 굴복시킬 수 있는 힘을 가지기도 한다. 우리 자신을 내어놓고 이전의 나와 세계로 돌아가는 순간에 우리는 우리 안에서 하나의 다른 현실이 떠오르는 것을 감지하게 된다. 적지않은 사람들이 포탄이 비오듯 떨어지거나, 심한 병고로 또는 어떤 다른 무시무시한 죽음의 위협 앞에서 자신의 힘으로는 어찌할 수 없이 받아들일 수밖에 없는 극한 상황에서 모든 것을 체념하고 있을 때, 갑자기 아무런 두려움이 없는 상태가 찾아오고, 어떠한 죽음이나 파괴의 힘도 영향을 미칠 수 없는 상태에서 자신이 생생히 살아 있음을 체험할 때가 있다. 한순간 그는 다음과 같은 사실을 알게 된다: "만약 내가 이 상황에서 다시 살아난다면, 나의 삶을 위해서 내가 지속적으로 참으로 해야 할 일이 무엇인가를 안다." 그는 이 느낌이 어디서 유래했는지 알지 못한다. 그러나 그는 자신이 갑자기 하나의 다른 힘을 지니고 있음을 느낀다(Dürckheim 20).

사람은 자신에게 불의한 일이 일어나서 절망과 무의미 속에 빠져들 때, 이와 비슷한 체험을 하게 된다:

어떤 사람들은 모든 것을 완전히 포기하여 자신을 내놓고 불편한 것을 받아들일 때, 갑자기 전보다 더 깊은 의미로 자신의 실존이 채워지는 것을 체험한다. 그는 자신이 단 한 번으로 완전히 파악할 수 없는 질서 속으로 들어가는 것을 느낀다. 모든 것이 그에게 분명해진다(같은 곳 20 이하).

그리고 한 사람이 자신에게 다가오는 고독과 슬픔을 견디어낼 때 그는 갑자기 자유로워지며, 그가 누군가를 사랑하는지 아니면 누군가가 자신을 사랑하고 있는지 모르지만 어떤 사랑에 의해서 감싸지는 것을 느끼게 된다. 그는 자신을 이 세상에 존재하는 데 필요했던 지금까지의 모든 전제 요소들을 넘어서는 존재에 대한 살아 있는 증거자로 만드는 힘과, 그 안에서 모든 것이 분명해지는 것 그리고 사랑 앞에 자신이 서 있는 것을 알게 된다(같은 곳 21).

뒤르크하임은 하느님께 나아가는 길은 자주 궁핍에 대한 체험, 힘이 센 낯선 존재들로부터의 위협, 절망, 불의, 고독 그리고 슬픔에 대한 체험을 거쳐야 한다고 했다. 우리가 이러한 어두운 체험들 안으로 용기를 가지고 나아갈 때, 우리에게 새로운 느낌이 다가오며, 어려움의 저변에서 우리를 지탱하고 자유롭게 하며, 사랑하고 밝혀주는 하느님이 자신을 열어 보여주신다.

마. 이야기 속에 존재하는 아래로부터의 영성

아래로부터의 영성에 관한 좋은 예로 세 가지 언어에 관한 이야기를 들 수 있다. "이 이야기 속에서 한 얼간이는 아버지의 요청으로 바른 것을 배우기 위해 먼 이국땅으로 가게 되었다. 그후 세 번이나 집에 돌아와 무엇을 배웠느냐는 아버지의 질문에 그가 첫번째로 한 대답은 다음과 같다: '아버지, 저는 개들이 어떻게 짓는가에 대하여 배웠습니다.' 그의 두번째 대답은 '새들이 어떻게 말하는가'를 배웠다 했고, 세번째 대답은 '개구리들이 어떻게 노래하는가'를 배웠다 했다. 이러한 아들의 대답에 그를 지성적인 작업을 할 수 있는 사람으로 키울 가능성을 전혀 찾아볼 수 없었던 아버지는 큰 실망감에 심한 화를 내면서 그 얼간이 아들을 밖으로 쫓아내고 말았다"(Laiblin 295 이하). 그는 밖으로 쫓겨나 정처없이 걸어가다가 한 성에 도착하여 하룻밤을 묵어가고자 했다. 성의 주인이 그에게 잠자리로 내줄 수 있는 곳은 오직 사납게 짖어대는 개들이 살고 있는 성탑뿐이었다. 개들은 이미 수많은 사람들을 물어뜯은 경력이 있는 아주 사나운 놈들이었다. 그러나 그는 두려움 없이 먹을 것을 조금 가지고 성탑 안으로 들어갔다. 그는 짖어대는 개들에게 매우 다정한 태도로 말하기 시작했다. 개들은 보물 하나를 지키느라고 그렇게 사납게 짖는다는 것을 그에게 드러냈다. 그리고 또 그에게 보물이 있는 곳으로 가는 길을 알려주었으며, 보물을 찾아 꺼내는 것을 도와주었다.

내 안에 숨겨져 있는 나의 보물에게 다가가는 길도 사납게 짖는 개들과 대화함으로써, 나의 고통, 나의 문제, 나의 두려움, 나의 상처 등, 내 안에서 짖으면서 나의 에너지를 쇠진_{衰盡}시키는 존재들과 대화함으로써 갈 수 있다. 위로부터의 영성이라면 그 사나운 개들을 성탑 안에 가두어두고 그 옆에 하나의 이상적인 건축물을 세우려고 할 것이다. 그렇게 할 때는 혹시 개가 문을 부수고 뛰쳐나와 사람을 물지나 않을지 언제나 걱정해야 한다.

열심한 사람에게는 자신 안에 늘 자리잡고 있는 욕구와 외부에서 다가오는 유혹이 언제나 걱정거리들이다. 그래서 이들은 삶을 자유롭게 펼쳐나가지 못하고 자신이 설정한 울타리 안에 가두어버리게 된다. 우리가 억압하거나 한쪽으로 밀쳐두는 것들은 한편으로 우리의 생명력이기도 하기 때문에, 억압하는 것과 한쪽으로 밀쳐두는 것이 많을수록 그만큼 우리의 생명력은 활기를 잃게 된다. 사납게 짖어대는 개들은 왕성한 생명력 속에 있는 것이다. 우리가 이 생명력이 왕성한 개들을 가두어버리면, 그만큼 우리에게는 하느님과 우리 자신에게로 나아가는 길에 필요한 힘을 잃게 된다. 성탑은 인간이 스스로를 성장시켜 나가 되어야 하는 존재의 한 표상이다.

성탑은 땅속 깊이 자리잡고 있는 튼튼한 기초에서 시작하여 하늘 높이 솟아 있다. 성탑은 일반적으로 둥근 형으로 구성되어 있는데, 그것은 전체를 표상한다. 만약 우리가 순수한 이상주의를 지켜가기 위해 우리의 사납게 짖어대는 개들을 가두어둔다면, 우리는 그것들이 언제 밖으로 뛰쳐나와 물어뜯을지 알 수 없는 상황 속에서 불안해하며 살아가야만 한다.

우리는 우리 자신으로부터 도망치고자 하며, 우리의 내면을 들여다보는 것을 두려워하고 있다. 우리가 자신 안으로 들어올 경우에, 그 안에서 짖어대는 위험한 개들을 만날 수도 있을 것이다. 그런데 우리가 그 개들이 밖으로 못 나오도록 가두면 가둘수록, 그만큼 더 그 개들은 우리에게 위험한 존재가 될 것이다. 문제를 해결할 수 있는 방법은 용기를 내어 그 성탑 안으로 들어가 사납게 짖어대는 개들에게 상냥한 태도로 다정하게 대화하는 것이다. 그러면 그들은 자신들이 어떤 보물들을 지키고 있는지 나에게 알려줄 것이다. 내 안에 들어 있는 하나의 새로운 생명력과 순수함이 그 보물일 수 있고, 하느님께서 본래 만드신 참된 나 자신이 보물일 수도 있는 것이다.

아래로부터의 영성을 보여주는 또 하나의 이야기는 유명한 「홀레 부인」이다. 골드마리는 계모에게 학대받는 불쌍한 소녀다. 그 불쌍한 소녀는 큰길 한 우물가에서 매일 손가락에서 피가 날 정도로 많은 양의 베를 짜야만 했다. 골드마리는 베를 짜는 데 사용한 피로 물든 실패를 씻다가 그만 우물 속에 빠뜨리고 말았다. 당황한 골드마리는 실패를 건지려고 우물 안으로 내려갔다. 그런데 그곳에서 그녀는 어머니의 손길을 지닌 홀레 부인을 만나게 되었다. 그곳에서 골드마리는 충만된 삶을 체험하게 된다.

이 이야기를 심층심리학적으로 분석한 라이블린Laiblin은 이 이야기가 "위에서 고통을 받는 사람은 아래로 관심을 돌린다"는 중국 속담이 옳다는 것을 증명한다고 했다(Laiblin 280). 만약 우리의 삶에서 밖으로 빠져나갈 수 없는 막다른 처지에 직면하여 곤란을 겪을 때는, 모든 것을 포기하고 하느님께 맡기는 것이 큰 도움이 될 수 있다. 우리 자신의 노력만으로는 한계를 느낄 때, 혹은 선한 의지를 모두 동원하여 애써보았으나 더 큰 고통만이 있을 때, 단순히 그 상황에 맞추어 들어가거나 포기해 버리는 것은 결코 좋은 방법이 아니다. 우물 안으로 뛰어들어가는 것, 자신의 깊은 곳 안으로 들어가는 것을 통해 새로운 영역 안으로 나아갈 수 있는 기회, 영혼의 영역을 알아볼 수 있는 기회를 가지게 된다. 이러한 기회들을 통해 우리는 하느님의 은총을 표상하는 금으로 된 비Goldregen를 만날 수 있다. 그것은 동시에 포근한 어머니의 품과 같이 따스하고 자비하신 하느님의 영역이기도 한 것이다.

홀레 부인은 게르만족의 여신인 홀다Hulda를 의미한다. 홀레 부인은 자비하신 하느님이 지닌 어머니의 사랑과 같은 사랑의 상징이다. 만약 우리가 우물 안으로 뛰어들어간다면 그 사랑의 손길 안으로 들어가는 셈이다. 드레브만은 골드마리의 계모는 일반적인 "세상의 여인"들을 대변하는 존재이고, 홀레 부인은 하느님이 계시는 내적인 세계를 대변하는 존재로 우리가 골드마리처럼 용기를 내어 안으로 들어가면 만날 수 있다고 한다. 우물 밑바닥에서 골드마리는 사물의 내적인 측면을 발견하게 되었다. 그곳에서 골드마리는 세상을 꽃이 만발한 초원으로 체험하게 되고, 모든 사물들은 본질적으로 좋은 것이며, 그녀는 이러한 좋은 요소들을 충만히 선사받았다는 사실을 인식하게 된다(Drewerman, *Frau Holle* 참조). 한계상황들이 우리에게 하나의 기회가 될 수 있다. 그 속에서 우리는 세상이 지닌 신비와 우리 영혼의 세계 안으로 깊이 나아갈 수 있으며, 새로운 지평선들과 내면의 세계가 지닌 부유함을 발견할 수도 있고, 그래서 변화를 체험하게 된다.

후베르투스 할브파스Hubertus Halbfas가 쓴 한 이야기에서도 우물에 관한 표상은 하느님께로 나아가는 우리의 길을 지칭하는 상징이 된다. 한 젊은이가 자기 형 둘을 한 우물가로 모셔가려고 했다: "나는 형님들을 자신들의 본질을 알 수 있는 곳으로 모셔가려고 합니다." 우물가에 이르자 그 젊은이는 큰형에게 말했다:

형님을 줄에 묶어 우물 안으로 내려보내겠습니다. 이 우물 속에 무엇이 있는지 자세히 관찰해 보십시오.

그러나 큰형은 우물 안으로 들어가는 것을 두려워했고, 둘째 형도 마찬가지였다. 그 젊은이만이 기꺼이 우물 안으로 들어갔다 (Halbfas, *Der Sprung in den Brunnen* 참조). 막내는 자신의 모든 어두운 부분을 거쳐 바닥에까지 내려가는 용기를 가졌던 것이다.

한 교육 과정에서 필자는 그 과정에 참여한 사람들에게 친구가 자신을 줄에 묶어 우물 안으로 내려보내는 것을 가정하면서 그 속에서 무엇들을 만나게 되겠는지 생각해 보라고 제의한 적이 있다. 우물 속으로 들여보내지는 것은 많은 사람들에게 두려운 일이었다. 이윽고 그들은 자신들이 그 속에 들여보내진다고 생각하고 각자 생각에 잠겨들었다. 한 사람은 그 속에서 맑은 물을 발견하여 목을 축였고, 다른 사람은 자기 아버지를 만나게 되었는데, 그 아버지가 그를 삶의 신비 안으로 인도해 갔다. 어떤 사람은 아름다운 경치를 발견했고, 또 다른 사람은 값진 진주를 발견했다. 하여간 삶의 새로운 차원으로 나아가는 길은 자신의 가장 깊은 밑바닥으로 내려가는 것을 거쳐야 되는 것이다.

금열쇠에 관한 이야기에서 한 불쌍한 젊은이가 불을 지피기 위해 쌓인 눈을 치우다가 금열쇠를 발견했다. 그가 그 자리를 더 파 내려가자 철로 만든 상자를 발견했고, 그 열쇠는 이 상자의 자물쇠에 맞아들어가는 것이었다. "그는 그 상자를 이리저리 돌려보고, 열쇠를 자물쇠에 넣고 한 번 돌려보았다. 이제 우리는 그가 그 자물쇠를 완전히 열고 그 다음 상자의 뚜껑을 열어서 그 안에 어떤 멋진 물건들이 가득히 들어 있는지 볼 수 있을 때까지 기다려 보아야 한다"(Laiblin 276).

여기서도 보물은 깊숙한 곳에 들어 있다. 그전에 먼저 하나의 어려움이 있었고, 젊은이는 그 어려움을 자신이 지금까지 익혀서 잘 아는 방법으로 극복해 보려고 했다. 이 이야기가 우리에게 말하는 것은, "우리가 어둠, 착오, 곤경, 두려움, 부자유 속에서 벗어나기 위해 자신이 할 수 있는 최선의 노력을 했음에도 불구하고 지치기만 하고 더 이상 앞으로 나아갈 수 없는 상황에 놓이게 될 때, 바로 그곳에 우리를 하나의 완전히 새로운 세계, 구원의 세계로 인도해 주는 전혀 예상치 못했던 선물이 기다리고 있다는 사실이다"(Laiblin 277). 라이블린은 이런 이야기를 두 세계를 말해주는 이야기로 지칭한다. 미래가 안 보이는 어려운 상황, 운명적으로 주어져서 삶을 고통스럽게 만들고 죄어오는 상황은 그것을 당하는 사람 중에서 용기를 가진 사람이 새로운 세계를 향해 자신의 문을 열도록 하여, 그곳에서 그때까지 알지 못했거나 잊어버리고 있던 생명력이나 생명의 샘을 찾도록 한다. 깊은 곳에서 그는 매우 값진 것을 발견하여 그것을 자신의 세계로 가지고 나와 건강한 삶을 살아가는 데에 사용한다.

두 세계에 대하여 말하고 있는 이야기는 우리 모두에게 아래로 부터의 영성의 길을 알려주고 있다. 우리의 삶을 위한 하나의 새로운 샘을 발견하기 위해서 우리는 반드시 아래로 깊이 내려가야 한다. 말라버린 텅 빈 우리의 삶을 새롭게 하기 위해서는 반드시 아래로 내려가야만 한다. 변화를 가져다주는 힘을 발견할 수 있는 곳은 바로 우리가 살고 있는 의식의 세계, 이 지상의 세계가 아니라 오직 깊은 곳이다. 아래로 내려가는 길은 신뢰, 자신을 믿고 내맡기는 것, 자신을 내놓는 것, 일이 생겨나도록 두는 것 등을 거치게 된다. 내가 이 길을 갈 수 있는 것은 스스로의 결정에 의해서가 아니다. 오직 내가 불림을 받을 때 갈 수 있는 길이다. 오직 생명의 소리를 듣는 사람만이, 그 소리를 듣고 순응하는 사람만이 깊은 곳에서 생명의 샘을 발견할 수 있다. "페크마리Pechmarie와 같이 자기 자신에게 매달려서 자의적이며 이기적으로 그리고 나쁜 호기심에만 이끌리는 미성숙 속에서 걸어가는 사람은 방황하고 벌을 받게 된다"(같은 곳 279). 그러나 필자는 자주 실패와 고통의 상황을 겪고 나서야 비로소 생명의 샘을 찾기 위해 아래로 내려가게 된다.

아래로부터의 영성의 전개

아래로부터의 영성은 우리가 하느님을 바로 우리의 고통, 각종 질병, 상처, 에움길, 무능력 들 속에서 찾는 것을 의미한다. 우리는 세 가지 언어에 관한 이야기를 아래로부터의 영성을 위한 표상으로 생각할 수 있겠다. 자신의 고통, 질병, 상처 들에서 도피하거나 두려워하지 않고 대화를 나눌 때, 우리는 이들에 맞추어가면서 살아갈 수 있을 것이다. 하느님께서 이것들 안에서 우리에게 말하시고자 하는 것이 무엇이며, 하느님께서 이것들을 통해 우리 삶의 성탑 안에 들어 있는 보물들을 어떻게 찾게 하는지 생각해 볼 수 있을 것이다. 우리 안의 성탑 아래로 내려갈 때 우리 안에 들어 있는 보물을 찾을 수 있다.

보물을 위에서 찾으면서 자신을 높은 곳에 올려놓은 사람들은 급격히 아래로 추락할 것이며 보물을 결코 찾아내지 못할 것이다. 외적으로 이상적인 요소들만을 추구하는 사람들 중에 자신의 참된 모습에 결코 도달하지 못하는 사람들도 적지않다. 그들은 그 이상적인 요소들을 그들의 명예를 얻기 위해 사용할 뿐이다. 그들은 종종 엄청나게 큰 일들을 수행하기도 하지만, 하느님께서 그들에게 준 참된 자아에는 결코 도달하지 못하고 건성으로 살아간다. 우리는 우리 안에서 짖어대는 개들이 우리를 가장 밑바닥까지 끌고내려가도록, 보물이 숨겨진 장소를 우리에게 보여주도록 두어야 한다. 그 사나운 야생 개들은 우리가 그 보물을 캐내는 작업에 도움이 될 수도 있는 존재들이다. 또한 홀레 부인의 이야기처럼 우리가 더 이상 앞으로 나아갈 수 없는 막다른 골목과 한계상황에 도달했을 때, 우리는 하느님께서 우리에게 새로운 안목과 가능성들을 열어주실 것이란 희망을 가지고 우물 속으로 뛰어들어갈 수 있는 것이다.

보물 또는 참된 자아로 나아가는 길은 아래로부터의 영성의 한 측면이다. 다른 측면은 실패의 심연과 자신의 무능에 대한 체험인데, 이들은 우리를 결국에는 하느님 은총의 품안으로 뛰어들게 한다. 내가 심연에서 치유되기만 하는 것이 아니다. 더 이상 앞으로 나아갈 수 없는 막다른 한계상황에서 나는 완전히 그리고 전적으로 나를 하느님께 내던져 맡기게 된다. 내가 하느님께 완전히 항복하는 지점에서, 내가 스스로의 힘으로는 자신이 빠져 있는 시궁창에서 도저히 헤어나올 수 없는 한계상황에서, 내 힘으로는 나를 개선해 나갈 수 없을 때, 하느님의 개별적이고 인격적인 깊은 새로운 관계가 시작될 수 있다. 그곳에서 나는 하느님이 누구며 은총이 무엇인지 정확하게 알게 된다.

필자는 그동안 영적 지도를 해오면서 많은 사람들이 자신에 대하여 실망하는 것을 보았다. 그들은 올바른 삶과 더 나은 삶을 위해 자신이 계획했던 프로그램을 실행하는 데 많은 노력을 기울였음에도 불구하고 언제나 그것을 제대로 실행할 수가 없었던 것을 체험했던 것이다. 필자는 이들에게 영적 프로그램을 좀더 강력히 실행해 나가도록 용기를 불어넣는 대신, 그것이 하나의 결정적인 영적 체험이란 사실을 알려준다. 우리는 우리 스스로를 보장할 수 있는 안전장치를 지니지 않았다. 우리는 우리가 원하는 일을 스스로의 힘으로는 실행할 수 없는 것이다. 그런데 우리가 이제 더 이상 어떠한 것도 할 수 없는 막다른 곳에 직면했을 때, 우리가 설정한 자신에 대한 기대가 허물어졌을 때, 인간적인 척도로 모든 것이 잘못되어 가는 것처럼 보일 때, 하느님께서는 바로 그때 우리에게 다가오기를 원하시며, 모든 것이 은총임을 우리에게 보여주신다.

칼 라너Karl Rahner는 자신의 한계와 무능의 체험 속에서 성령이 우리 안에서 활동하시는 것을 확인하게 되는 것으로 생각하고 있다. 라너는 한계상황들에서 하느님께 모든 것을 맡기고 의지할 때 성령을 체험하는 것으로 서술하고 있다:

> 우리가 세상 삶에서 아무 감동도 느끼지 못하거나 삶의 고통을 많이 느낄 때에 하느님을 사랑하려고 시도한 적이 있는가? 그리고 죽음과 절대적인 허무虛無에 사로잡혔을 때, 아무 응답도 없고 텅 비어 있는 것처럼 느끼거나 밑바닥이 보이지 않는 끝없는 나락으로 추락하는 것 같고 모든 것이 파악 불가능하고 의미없어질 때 하느님을 사랑하려고 한 적이 있는가?(Rahner III 106).

그리고 그는 다음과 같이 강한 어조로 주장하고 있다:

> 손으로 잡을 수 있고 설명할 수 있는 것 그리고 사용할 수 있고 즐길 수 있는 모든 것들이 가라앉았거나 모든 것이 몰

락과 죽음의 세계로 빠져든 것처럼 여겨질 때 그리고 모든 것이 특별한 색깔이나 특징도 의미도 없는 세계로 접어드는, 바로 그러한 때에 성령이 우리 안에서 활동하고 있는 것이다. 바로 그러한 때가 성령의 은총의 시간이다. 밑바닥을 알 수 없을 정도로 깊은 심연을 가진 존재로 경험하는 우리의 실존은 바로 그러한 때에 하느님의 무한성을 의미하는 것이 된다. 하느님은 무한하시기 때문에 그 깊이를 다 알 수 없는 무無와 같은 모습으로 우리에게 체험되는 것이다(Rahner III 108).

알코올 중독을 치유하는 12단계 프로그램에서 하느님의 은총을 체험할 수 있는 조건은 자기 의지로는 그 병을 조금도 치유할 수 없다는 사실과 자신의 무능을 인정하는 것이다. 알코올 중독자가 자기 힘만으로는 술을 끊는 일을 전혀 할 수 없다는 사실을 인정할 때 그는 자신을 하느님께 완전히 믿고 내맡길 수 있게 된다. 그가 자신의 힘으로 극복하려는 것을 포기하는 지점에서 하느님과의 관계가 성장하게 된다. 하느님과의 관계가 성장해 나가는 것을 통해 그는 치유된다. 헤르만 헤세Hermann Hesse는 이러한 인간적인 노력의 모순Paradox을 직접 체험했다. 어느 한 편지에서 그는 좋은 것을 실행하고자 하는 우리의 노력이 결국 좌절로 끝나고 마는 사실에 대하여 서술하고 있다:

나는 마침내 덕행의 실천과 완전한 순종 그리고 전적인 봉사가 불가능하다는 사실을 깨닫게 되었다. 또한 정의를 완전히 실천하는 것은 아득히 멀리 있는 것이며, 언제나 착한 사람으로 살아가는 것도 가능하지 않다는 사실을 알게 되었다. 이러한 좌절은 우리를 몰락으로 내몰고 가든지 아니면 성령의 영역으로 나아가도록 하여, 윤리와 계명들을 넘어선 상태, 하느님의 은총과 구원, 하나의 좀더 높은 차원, 짧게 말하자면 믿음의 세계로 나아가게 한다(Hesse 389).

우리가 하느님의 뜻을 실천하려고 노력해 나가는 일에 있어서 우리의 힘만으로는 자신을 변화시킬 수 없다는 사실을 인정한 뒤에야 비로소 우리는 믿음이 무엇을 의미하는가를 알게 된다. 믿음은 우리를 하느님의 팔에 완전히 내맡겨드리는 것이며, 하느님을 전적으로 믿고 의지하는 것을 의미한다. 그러므로 아래로부터의 영성에서는 단순히 나 자신이 나의 생각과 느낌들을 통하여, 삶에서 가지게 되는 나의 상처들과 질병들을 통하여 인간적으로 성숙해 나가고 나의 보물을 찾아내는 것에 관한 것만이 아니라, 가능성의 한계에 이르렀을 때 믿음에 대한 체험을 가지게 되는 것과 내가 완전히 혼자인 것과 같은 외로움을 느낄 때 하느님과의 관계가 성장해 나감을 체험하는 것에 대하여 다룬다.

가. 생각들, 느낌들과의 대화

아래로부터의 영성은 우리의 생각과 느낌들, 욕구와 고통들 속에서 하느님의 음성을 들으려고 노력하는 것을 의미한다. 하느님은 우리의 느낌과 고통들을 통해 우리에게 말씀하신다. 우리가 이러한 것들 안에서 말씀하시는 하느님의 음성을 주의깊게 듣는다면, 우리는 그 음성을 통해서 하느님께서 본래 계획하셨던 우리의 정체를 발견하게 된다. 우리의 정서와 고통들을 가볍게 생각해서는 안된다. 모든 것은 고유의 의미를 지니고 있다. 이러한 것들에서 우리가 해야 할 일은 그것을 통해 하느님께서 나에게 말씀하시고자 하는 것이 무엇인가를 깨닫는 것이다.

많은 사람들이 화, 짜증, 시기심 그리고 의욕 상실 등과 같은 자신 안에 일어나는 부정적인 느낌들에 대하여 당황하고 자신을 부정적으로 판단한다. 이들은 이러한 부정적인 느낌들을 떨쳐버리기 위해서 직접적으로 대항해 나간다. 이들은 그 싸움에서 이기기 위해서 자주 "하느님의 도우심"에 의지하곤 한다. 아래로부터의 영성은 나에게 다가오거나 내 안에서 일어나는 모든 고통들과 정서情緖들과 화해하는 것을 의미한다. 모든 것이 나를 하느님께 인도하는 요소가 될 수 있다. 나는 스스로 그러한 요소들 안으로 들어가서 그것들이 나에게 말하고자 하는 것이 무엇인가를 물어봐야 한다. 이러한 고통들은 위로부터의 영성에게 있어서는 제압되고 극복되어야 할 대상이다. 평정, 이웃 사랑, 친절 등에 대한 이상적인 생각은 내가 나의 격정과 분노를 제압해 내는 것을 요구한다. 그러나 자주 하느님께서는 나의 격정과 분노 속에서 나에게 말씀을 건네시고, 내 안에 묻혀 있는 보물로 나를 인도해 가신다. 만약 내가 나의 격정과 분노 안으로 들어가서 그들의 말에 귀기울이면, 내가 지금까지 참된 정체를 거슬러 살아왔고 하느님께서 내게 허락하신 방식대로 살지 않았다는 사실을 알게 될 것이다.

격정과 분노는 내가 다른 사람에게 나 자신의 영역을 많이 양보하여 그가 나에게 너무 많은 영향력을 지니도록 했다는 사실을 종종 알려주기도 한다. 나는 지금까지 다른 사람의 기대를 채우는 일에 급급했고, 나 자신이 필요로 하는 것이 무엇이며, 나 자신이 참으로 원하는 것이 무엇인가에 대하여는 소홀히해 온 것이다. 나는 지금까지 나의 삶을 나 스스로 살아오지 않은 것이다. 다른 사람들이 나에게 너무 지나치게 가까이 와 있는 것이다. 그들은 나의 경계선을 넘어왔으며 나를 다치게 한 것이다. 내가 지금 해야 할 일은 그 격정과 분노를 억압하기보다는 대화를 나누어서 내 안에 있는 보물을 찾아내며, 하느님께서 만드신 나의 참 모습을 내 안에서 찾는 것이다. 격정과 분노는 나를 다치게 한 그 다른 사람을 나에게서 떼어내는 힘이며, 그래서 그와 적당하고 건전한 거리를 유지하도록 하는 힘이다. 나에게 상처를 줄 정도로 지나치게 가까이 있는 그를 떼어놓고 난 뒤에야 비로소 나는 그와 화해할 수 있으며, 그에게서 참으로 자유로워지게 된다. 특히 어린아이였을 때 성적 상처를 입은 여인들은 그들에게 상처를 준 사람들에게 화를 내고 그들을 자신들로부터 몰아내야 한다. 이것이 그 여인들이 그들의 상처를 치유할 수 있는 기본 전제 요소이다.

그런데 그것과의 대화를 시도하는 것이 불가능할 정도로 나를 지배해 버리는 격정과 분노도 있다. 나는 그 격정과 분노의 의미를 알 수 없으며, 사납게 짖어대는 개들의 말을 그 격정과 분노 속에서는 이해할 수 없다. 그러한 상황에서는 더 이상 앞으로 나아갈 수도 없고, 어떠한 고찰도 소용없게 된다. 그렇다면 그것은 「홀레 부인」의 이야기에 나오는 골드마리처럼 내가 그 속으로 뛰어들어가야 하는 우물이 된다. 나의 내면에 자리잡고 있는 우물의 밑바닥에서 내가 온갖 종류의 꽃들이 가득히 피어 있는 초원을 발견하게 될지도 모르며, 그래서 내 주변과 내 안의 모든 것이 갑자기 변화될지도 모른다. 나는 나의 격정과 분노의 밑바닥에서 하나의 생명력의 원천을 발견하게 될지도 모르며, 그래서 나의 격정과 분노가 삶에 대한 애착으로 바뀔지도 모른다. 아니면 내가 나의 격정과 분노를 제거하거나 그것을 잘 다스려나갈 능력이 없는 것을 앎으로써 나의 힘만으로 해결하려는 노력을 포기하고 하느님의 섭리에 모든 것을 내맡길지도 모른다. 그렇다면 나의 격정과 분노는 나에게 하느님께 대한 나의 관계를 알려주는 셈이 된다. 나는 나의 격정과 분노에서 완전히 해방될 수는 없을 것이다. 그러나 그것은 내가 나를 하느님께 내어드리도록 끊임없이 자극하는 요소가 될 수 있다.

아래로부터의 영성에는 언제나 세 종류의 길이 있다. 첫째 길은 생각과 느낌들과의 대화이다. 둘째 길은 밑바닥까지 아래로 내려가 더 이상 가능성이 보이지 않는 고통스러운 최종점에서 새로운 변화의 가능성을 가지는 것 그리고 하느님을 발견하는 것이다. 셋째 길은 하느님께 완전히 항복하는 것, 나의 힘으로는 더 이상 아무것도 할 수 없다는 사실을 인정하는 것, 하느님의 좋으신 섭리와 품에 나를 완전히 내맡기는 것, 홀레 부인 이야기에서 서술하는 것같이 우물 안으로 뛰어들어가는 것이다.

어떤 사람들은 화를 벌컥 잘 내는 행동은 하나의 고정된 성격에서 나오는 것으로서 그것을 고치는 것은 거의 불가능하다고 말한다. 그러나 나 자신이 벌컥 낸 화를 잘 고찰해 보면, 그것은 내가 삶을 살아가기 위해서 행한 것임을 알 수 있다. 내가 어린 시절에 화를 낸 경우를 고찰해 보면, 어린아이였지만 나 자신이 지녔던 고유한 감정들을 존중받지 못했을 때 화를 냈다는 것을 알 수 있다. 그 당시에 나 자신과 나의 감정이 계속 무시되어 짓밟히는 것을 막기 위해 화를 내었던 것이고, 그때의 화는 나와 나의 감정을 지켜나가고 타인으로부터 인정받는 데 한몫을 한 것이 된다. 그 당시에는 화를 내는 것이 살아가는 데 필요했던 것이다. 그러나 지금은 벌컥 화를 내는 것이 나를 지켜나가는 데 도움이 되지 않는다. 오늘날은 많은 사람들에게 화를 내는 일이 화를 내는 그 사람에게 도움이 되기는커녕 오히려 주변 사람들에게 부담을 줌으로써 그의 삶을 어렵게 하고 있다.

이러한 상황에서 화를 벌컥 내는 일을 잘 분석하면, 화를 내는 그 행위의 깊숙한 곳에 숨어 있는 원의를 파악하게 될 것이다. 그것은 바로 나 자신이 자신의 고유하고 개인적인 느낌과 영역을 갖고 싶은 것이다. 그런데 자신이 내고 있는 화와 대화를 잘 이끌어가지 못하는 사람들도 있다. 이러한 사람들은 최대한 겸손한 사세를 유지하려고 노력하면서 자신이 잘 다스리지 못하고 있는 감정과 화해하려고 노력해야 할 것이며, 자신이 자신 속에서 일어나고 있는 화를 스스로 극복할 능력이 없는 무능함을 인정하여 하느님의 품안에 자신을 내맡겨야 할 것이다.

많은 사람들이 어떤 형태이든 하여간 여러 가지 불안과 걱정들로 고통받고 있다. 이들이 그 불안들에 대하여 자주 취하는 자세 중 하나는 그 불안들을 치료를 통해서 극복하려고 하거나 아니면 하느님께서 그들의 걱정들을 들어주시기를 기도하는 것이다. 그런데 이 두 경우 모두 그들은 자신들이 가진 불안에 사로잡혀 있고, 그 불안에서 벗어나고자 하는 열망 속에 있다. 그러나 그들이 그러한 자세를 가지고 있는 동안에는 그 불안과 걱정이 그들에게 전달하고자 하는 의미Botschaft를 이해하지 못하게 된다. 불안과 걱정이 없다면 우리는 절제도 하지 않을 것이다. 불안과 걱정이 없다면 우리는 지속적으로 무리를 할 것이다.

지나치게 과장된 불안과 걱정은 종종 우리에게 삶에 대하여 잘못된 자세를 갖도록 한다. 자주 완벽주의가 우리의 불안과 걱정의 원인이다. 내가 만약 언제나 최상의 존재가 되기를 원하거나 한 토론의 장에서 언제나 완벽한 이론을 전개하기를 원할 때, 또는 내가 한 모든 일이 최상의 결과를 이루기를 기대할 때, 나는 나의 부족함 때문에 창피를 당할까봐 줄곧 걱정하고 불안해하게 된다. 나 자신에 대한 기대가 너무 크기 때문에 불안하고 초조해하게 된다.

의식 세계의 행위를 분석하여 치료하는 치료법(Die kognitive Verhaltenstherapie)은 불안과 걱정은 우리가 잘못 설정한 삶의 방향을 드러

내면서 그것이 잘못 설정된 것이란 사실을 알려준다. 삶의 방향을 잘못 설정한 예를 든다면 다음과 같다:

나는 단 하나의 잘못이라도 해서는 안돼. 그렇지 않으면 나는 무가치한 존재야. 나는 나의 부족한 면과 허물을 드러내서는 안돼. 그렇지 않을 경우에는 모두가 나를 거부하여 외토리가 되고 말 거야.

우리가 가진 걱정이나 불안과 대화해 나갈 때 인간이 살아가는 데 기초가 되는 요소들을 받아들여 좀더 인간적인 삶을 전개해 나가는 데 도움이 될 수 있다:

나는 본래 주어진 나의 모습대로 살아가도 돼. 나는 실수할 수 있는 존재이므로 실수할 수 있어. 나의 부족함과 허물이 드러나는 것을 두려워할 필요 없어. 나의 가치는 내 안에 들어 있는 거야. 그 가치는 허물 하나 때문에 나에게서 사라지는 것이 아니야.

걱정과 불안에서 벗어나려는 이러한 나의 노력이 하나의 속임수인 것은 결코 아니다. 걱정과 불안은 나 자신을 좀더 잘 다루어 나가게 하고, 내가 실재의 나에게 적합한 표상을 가지게 한다. 그러나 내가 나 자신의 걱정과 불안과 아무리 대화를 많이 시도해 보아도 결코 없어지지 않고 내 안에 항상 머물러 나에게 고통과 어려움을 줄 때도 있다. 그럴 때 그 걱정과 불안이 나로 하여금 하느님을 향하도록 하는 것이다. 이때 내가 나 혼자 힘만으로는 걱정과 불안을 도저히 극복할 수 없는 무능한 처지에 있다는 사실을 인정하는 일 외에 다른 것은 없다. 그렇다면 그 걱정과 불안은 내가 하느님 안으로 들어가서 해결의 실마리를 찾기 위해서 용기를 내어 뛰어들어가야 하는 깊은 심연이다. 그렇다면 걱정과 불안은 나로 하여금 그 걱정과 불안을 영성적으로 다루도록 하고, 내가 그 걱정과 불안 속에서 하느님을 굳게 붙들고 있게 하며, 다음과 같은 성서의 구절을 말하게 한다:

> 죽음의 그늘진 골짜기를 간다 해도 당신 함께 계시오니 무서울 것 없나이다(시편 22.4). 주 함께 계시거늘 무서울 것 있을쏘냐, 인간이 나에게 무엇을 할까보냐(시편 117.6).

그렇다면 걱정과 불안은 하나의 영성적 도전일 수 있으며, 내가 하느님과 하느님의 말씀을 어느 정도로 진지하게 받아들이고 있는가를 알아보는 하나의 시험이 될 수 있다. 하느님께서 내 곁에 계시다는 것을 내가 참으로 믿을지라도 걱정과 불안이 사라지지 않는 경우가 있다. 그럴 때도 그것이 나에게 최소한 나의 걱정과 불안 속에서 내가 굳건히 붙잡고 의지할 수 있는 하나의 기둥을 가지는 셈이 될 수 있다. 나는 나의 걱정과 불안을 좀더 손쉽게 해소해 나갈 수 있으며, 걱정과 불안에 의해 쉽게 어려움 속으로 휘말리지 않게 될 것이다. 또 하나 도움이 될 수 있는 생각은 걱정과 불안이 존재하는 사실은 인정하지만 내 안에 걱정과 불안이 결코 침입할 수 없는 영역도 있다는 사실을 믿는 것이다. 나의 감성들은 걱정과 불안에 의해서 영향을 받을 수는 있지만, 나의 내면 깊숙한 곳에까지 걱정과 불안이 침입할 수는 없는 것이다.

가끔 우리는 나 자신에 대하여 두려움을 가지게 된다. 우리는 우리의 폭력적인 본능을 억압해 왔기 때문에 그것이 언제 폭발할지 몰라서 두려워하고 있다. 한 부인은 자신이 그렇게도 사랑하는 자기 아이를 혹시 자기가 죽여버릴지도 모른다는 논리에 맞지 않는 두려움을 가지고 있다. 이러한 두려움을 고찰해 보면, 그 부인은 아이에 대한 사랑을 많이 가지고 있지만 한편으로는 폭력성도 지니고 있다는 사실을 그 두려움이 보여주고 있다. 하루 24시간 아이를 돌보고 있는 어머니가 그 아이에 대한 폭력성을 느끼는 경우도 있는 것은 지극히 일상적인 일이다. 폭력성은 그 어머니가 아이와 조금 거리를 둘 필요가 있음을 보여주는 것이다. 그러나 위로부터의 영성은 그 어머니가 아이에게 폭력성을 느끼는 것을 결코 허용하지 않는다. 위로부터의 영성의 관점에서 볼 때 그러한 일은 있을 수 없는 것이다. 그 어머니는 높은 이상적인 모성애를 가져야 하는 것이다. 어머니로서 그녀는 언제나 자기 아이에게 사랑에 가득 찬 자세를 가져야 하는 것이다. 이러한 이상을 높이 가질수록 그것과 완전히 상반되는 요소인 폭력성도 더 강하게 생겨난다. 그러므로 자신이 가진 걱정과 불안 그리고 두려움과 대화해나가는 것은 자기 아이를 잘 보호하려는 그 어머니가 자신을 잘 다스려나가도록 하는 일에 도움이 될 수 있다. 걱정과 염려 그리고 두려움은 언제나 의미를 지니고 있다. 우리는 그것이 말하고자 하는 것을 이해할 필요가 있다. 그럴 때 우리는 그 걱정과 불안이 우리에게 보여주고자 하는 보물을 발견할 수 있다.

걱정과 불안 그리고 두려움 중에는 인간의 존재 자체에 필연적으로 주어진 것도 있는데, 외로움과 죽음에 대한 두려움이 여기에 속한다. 이러한 불안이나 두려움은 그것이 존재한다는 사실을 인정하고 받아들이면서 그 근원을 살펴보아야 한다. 나는 나의 깊은 내면에서는 고독한 존재이다. 아무도 들어올 수 없는 나의 고유한 영역들이 존재하는 것이다. 이 영역들에서 나는 철저히 혼자인 것을 느낀다. 헤르만 헤세는 인간으로서 존재한다는 것은 고독하게 존재하는 것을 의미하는 것으로 이해하고 있다:

> 삶은 고독한 것이다. 고독하지 않은 다른 삶을 살아가는 사람은 없다. 각자는 모두 외로운 것이다.

폴 틸리히Paul Tillich는 사람이 고독함으로써 종교인이 된다고 보고 있다. 내가 만약 나의 고독과 두려움을 받아들여 잘 소화해 나간다면 나는 나의 존재의 비밀을 밝혀나갈 수 있을지도 모른다:

> 최종적인 고독을 아는 사람은 최종적인 사물들을 알게 된다(F. Nietzsche).

고독Einsamkeit, 혼자 있는 것Alleinsein은 나로 하여금 내가 존재하는 모든 것과 하나라는 사실을 경험하게 할 수 있다. 나의 고독은 최종적으로는 나를 하느님께로 향하도록 한다. 가톨릭 철학자인

페터 부스트Peter Wust는 죽음 앞의 철저한 고독 속에서 그러한 것을 체험했다:

> 사람들이 느끼는 모든 종류의 고독의 저 깊은 근본 바탕에는 하느님을 향한 향수가 자리잡고 있는 것으로 나는 생각한다(Ges. Werke IX, 155).

죽어가는 순간에는 누구나 다 고독하다:

> 죽는다는 사실은 최종적이고도 완전한 고독을 의미한다. 죽음은 죽어가는 사람을 고독하게 만들고 그 사람을 완전한 고독 안으로 들어가게 한다(Schütz 277).

그러므로 고독은 내가 나 자신을 완전하고도 전적으로 하느님께 내맡기도록 하는 하나의 도전이 될 수 있다. 이러할 때 고독은 내 영성의 원천을 만나게 하는 좋은 열매를 맺게 하는 존재가 되는 것이다.

부활에 대한 믿음에도 불구하고 죽음에 대한 두려움은 항상 남는다. 내가 할 수 있는 것은 그 두려움이 존재한다는 사실을 인정하고 나에게 다음과 같이 말하는 것이다:

> 그래, 나는 죽을 것이다. 나는 돌발적인 사고나 암 또는 심장마비로 죽을 것이다. 나는 결국 이러한 식의 죽음을 피할 수 없을 것이다.

내가 만약 이러한 사실을 인정하게 되면, 인간으로서 살아가는 것이 무엇을 의미하는지 좀더 깊이 생각할 수 있을 것이다: 나의 삶은 어디에 근거를 두고 있으며, 그 의미는 무엇일까? 죽음에 대한 두려움은 인간 존재의 근본적인 사항들에 대하여 질문을 던지게 한다. 두려움을 통해서 나는 그리스도교의 진리들을 새롭게 이해하게 된다. 세례를 통해서 나는 그리스도와 함께 죽었다가 다시 살아났기 때문에 죽음이 나에게 더 이상 어떠한 힘도 지니지 않고 있다는 사실을 깊이 이해하게 된다. 내 안에는 죽음이 더 이상 파괴할 수 없는 어떤 것이 존재하고 있는 것이다. 하느님께서 처음 설계하신 나의 본 모습은 결코 없어질 수 없는 것이다. 그것은 죽음을 통하여 마침내 자신의 본래적인 아름다움을 드러내게 되는 것이다.

아래로부터의 영성은 우리의 욕구들에 대해서도 위로부터의 영성과는 다르게 다룬다. 아래로부터의 영성은 욕구들을 억압하거나 지배하지 않고 변화시키고자 한다. 아래로부터의 영성은 우리 안에서 욕구들이 일어나는 원인과 그 욕구들이 하고자 하는 최종적인 목적이 무엇인가에 대하여 물어본다.

오늘날 식생활에 문제가 있는 사람들이 많다. 적지않은 사람들이 그들의 삶 전체에 걸쳐 그것을 고쳐보려고 노력하지만 번번이 실패하기 일쑤다. 적게 먹거나 끼니를 거르는 것이 지나친 식욕을 제어하는 좋은 방법일 수 있다. 그러나 만약 내가 굶는 것을 통해서 식욕을 제어하려고 시도한다면, 나의 의식은 먹는 것과 굶는 것에 대한 생각에 고정될 것이다. 이보다 더 좋은 방법은 내가 왜 자꾸만 더 먹으려고 하는지, 나의 식욕 저변에는 어떠한 욕구가 깔려 있는지, 나의 식욕을 통해서 채우려고 하는 것이 무엇인지 물어보는 것이다.

내가 이러한 요소들을 잘 고려할 때, 지나친 욕구들도 변화된다. 먹는 행위 속에 즐김에 대한 그리움이 숨어 있다. 지나친 식욕을 고치려면 즐기는 것을 올바르게 배우고 좋은 음식을 먹을 줄도 알아야 한다. 중세 신비신학에 의하면 영적 삶의 목적은 하느님을 즐기는 것frui deo이다. 즐기는 것을 완전히 거부하는 사람은 하느님께 대해서 아무것도 체험할 수 없다. 참된 자기훈련Askese은 포기와 금욕 그리고 고신극기가 아니라, 참된 인간이 되는 훈련이며, 이것은 잘 즐기는 것을 훈련하는 것이기도 하다.

이러한 것은 성적 활력 또는 성욕에도 마찬가지로 적용된다. 마치 사납게 짖어대는 개들에게 물리지 않기 위해 그들을 성탑 속에 가두는 것같이 우리는 성욕에게 상처받지 않기 위해 자주 이것을 억압해 왔다. 이 과정에서 성적 활력이 우리의 생명력에 좋은 영향을 주어 우리가 가졌던 활동력과 영성의 상당 부분을 잃게 되었다. 성적 활력을 억압하는 영성은 몸 안에 상존하는 강한 욕구가 언제 분출해 사람을 덮쳐서 사고를 일으킬지 알 수 없기 때문에 언제나 두려움을 지니고 있다.

누군가 성적 활력 또는 성욕은 무조건 극복되고 제어되어야 하는 존재로 본다면, 그는 성욕에 대하여 상당히 부정적인 시각을 지니고 있는 것이다. 성적 활력 또는 성욕은 우리의 영성에 상당히 중요한 원천이 되는 존재이다. 우리가 이야기 속의 젊은이처럼 성적 활력을 긍정적으로 받아들인다면, 그것은 우리의 깊은 곳에 들어 있는 보물로 우리를 인도해 들어갈 것이다. 이 보물은 바로 우리의 생명력의 활기와 영적 그리움이다. 그러면 성적 활력 또는 성욕은 우리에게 다음과 같이 알려줄 것이다:

> 진정으로 살아가고, 진정으로 사랑하도록 시도해 보라. 네가 만약 성적 활력 또는 성욕을 억압하려고 노력하면서 살아간다면, 너는 너 자신에게 사로잡혀 삶을 제대로 살아가지 못하고 참된 삶에서 겉돌기만 할 것이다. 그저 올바르고 정확하기만 한 삶에 만족하지 않도록 해라! 너 자신 안에는 삶과 사랑에 대한 강한 동경憧憬이 들어 있다. 네가 가진 동경을 신뢰하라! 너 자신을 삶에 투신하며 사람에게 투신하여라. 온 마음으로 너 자신의 삶과 사람을 사랑하라! 그리고 너의 온 마음과 온 몸 그리고 모든 정열을 기울여 하느님을 사랑하라! 네가 하느님 안으로 들어가 그분과 하나가 되기까지 쉬지 않고 전진하라!

그러나 여기서 성탑 안으로 들어가서 나의 성적 활력과 대화를 나누어 그것이 안내하는 보물을 찾아내는 것만 다루고자 하는 것이 아니다. 종종 성욕이 우리를 압도하는 경우도 있다. 이럴 때 우리는 그것을 긍정적으로 보거나 그것과 대화하려 하지 않게 된다. 그럴 때 성욕이 우리를 사로잡게 된다. 많은 사람들이 자위 행위 때문에 괴로워하고 있다. 그리고 그것을 극복하려는 노력은 대부분 실패한다. 그러한 상황에서 죄의식을 느껴 자신을 벌하려고 하기보다는 자신의 무능함을 인정하고 자신의 성욕의 정체를 파악하려고 노력하는 것이 훨씬 더 큰 도움이 될 수 있다.

성욕을 스스로의 힘으로는 통제할 수 없는 것이 많은 사람들에게 오히려 도움이 된다. 그 사실이 그 사람으로 하여금 자신이 살과 피로 구성된 인간임을 겸손하게 인정하고, 힘이나 강제로는 자신을 순수하게 정신적인 존재로 만들 수 없다는 것을 받아들이게 한다. 수도자들이 자주 반복하여 말하는 것은 우리가 무엇보다 먼저 자신의 무능함을 인정해야 한다는 사실이다. 그러할 때 비로소 하느님께서 우리 대신 싸워나가시게 된다. 격언집에 다음과 같은 말이 있다:

> 한 형제가 성욕에서 생겨나는 어려움 때문에 연로한 스승 아가톤Agathon에게 조언을 구했다. 그 스승은 그에게 이렇게 설명했다: 형제여, 너무 걱정하지 말고 힘을 내게. 그리고 그것을 잘 조절할 수 없는 자네의 그 무능함을 하느님께 드려버리게. 그러면 평화를 얻게 될 것이네(Apo 103).

그 젊은이가 성적 활력을 스스로의 힘으로는 통제할 수 없다는 무능을 인정할 때 비로소 하느님께서 그의 무능을 관통하여 그를 새로운 자유로 인도해 나갈 수 있다. 성적 활력을 조절하는 방법에는 두 가지 길이 있다. 하나는 성적 활력을 스스로의 힘으로는 통제할 수 없는 무능을 인정함으로써 하느님 그리고 자신과 평화를 가지는 방법이고, 또 하나는 탄트리즘Tantrismus*에서와 같이 고행과 신비주의적인 행위를 통하여 성적 활력을 변화시키는

---

* 1세기경 인도의 종교적 행위로, 주술적이고 신비주의적인 방법으로 이 세상 모든 욕망에서 벗어나 자유로운 상태에 도달하고자 했다 — 역자 주.

방법이다. 여기서는 영성적 힘들을 불러일으키기 위해서 성적 자극을 의식적으로 줄여간다. 여기서는 성적 활력이 우리를 하느님께로 나아가도록 하는 영성적 힘으로 변화되고 있다.

아래로부터의 영성에서 우리는 성적 활력을 감사하게 받아들인다. 왜냐하면 성적 활력은 우리의 영적 삶은 우리가 살아가는 것을 좋아하는 것에서 그 정점에 이른다는 사실을 인지하도록 하며, 우리가 단순히 정확하게 살아가야 하는 것이 아니라 우리를 넘어 망아忘我의 상태에서 하느님께로 나아가야 함을 인지하도록 하기 때문이다. 우리는 그동안 우리의 영성적인 전통에서 성적 활력을 대부분 지나치게 부정적인 것으로 보아 우리를 하느님에게서 떼어놓는 고통스러운 존재로 생각해 왔다. 물론 성적 활력이 우리가 하느님에게서 고립되는 원인이 될 수도 있다. 그러나 왕성한 성적 활력은 언제나 하나의 영성적 힘을 불러일으켜 모든 열정과 사랑을 다 동원하여 하느님과 일치하여 하느님 안에서 우리의 모든 동경이 채워지는 삶을 살아가도록 하는 것을 체험하게 되는 경우도 있다.

우리의 심층에는 슬픔과 괴팍함 같은 부정적인 감정들과 함께 명예심이 자리잡고 있다. 그런데 우리는 단순히 긍정적인 사고를 가진다고 해서 이러한 부정적인 감정들을 쉽게 떨쳐버릴 수 없다는 것을 자주 느낀다. 그리고 기도도 별로 도움이 안되는 경우가 종종 있다. 적지않은 사람들이 그들의 우울함을 제거해 달라고 하느님께 지속적으로 요청한다. 그러나 그들은 그들이 기도하는 동안에 오직 자기 자신의 주위에만 맴돌 뿐, 자신에게서 벗어나지 못하고 있다.

한 자매가 자주 깊은 슬픔의 늪에 빠져 고통을 겪고 있는 것을 하소연한 적이 있다. 다른 자매가 자신을 존중하지 않는다든지, 자신이 하는 일이 마음에 들지 않는다든지, 할 일이 너무 많아 힘들다든지 또는 다른 어떤 이유로 자신이 조금 전까지 지니고 있던 기쁜 감정이 한순간에 깊은 슬픈 감정으로 바뀌는 것이다. 그 자매는 정신과 의사의 치료와 정신적인 지도자의 조언에 도움을 많이 받고 있음에도 불구하고 조금도 나아지지 않아 고통스러워하고 있었다. 그 자매는 자기 자신에 대하여 심하게 실망하여 자신의 존재 가치에 대하여 의심하고 있었다.

만약 누군가가 이러한 종류의 슬픔들을 완전히 제거할 수 있는 영성적·심리적 치료방법이 있다고 생각한다면 아주 커다란 착각 속에 있는 것이다. 여기서 던져야 할 질문은 그 자매가 이 슬픔들에서 벗어나려는 근본적인 이유가 무엇인가이다. 그 슬픔에서 벗어나고자 하는 것이 참으로 하느님의 뜻인가, 그 자매의 뜻인가? "하느님과 늘 함께 살면서 기도와 묵상을 통해서 평화를 누리는 사람은 이러해야 한다"고 자신이 설정한 이상에 그 스스로 맞출 수 없기 때문에 생기는 슬픔은 아닌가? 그런데 그렇게 설정한 이상이 참으로 하느님이 그 자매에게 요구하는 것과 일치하는가? 그 자매가 스스로 하느님께서 요구하는 것으로 생각한 것에 대하여 그녀의 취향에 따라 좀더 완전하게, 좀더 이상적으로 설정한 것은 아닌가? 그 자매가 스스로 설정해 놓은 이상을 채워나가는 일에 하느님을 이용하려고 한 것은 아닌가? 그 자매는 기도와 묵상을 통해서 그녀의 괴팍한 감정을 스스로 조절할 수 있을 것으로 오랫동안 믿어온 것은 아닌가?

그러나 이것은 올바른 해결 방법이 아니다. 왜냐하면 그러한 경우에는 그 자매가 자신의 부정적인 감정들을 해결하는 데 하느님을 이용한 것밖에 되지 않기 때문이다. 그러한 경우에 그 자매는 하느님께 대하여는 조금도 흥미가 없었던 것이 되어버린다. 만약 그 자매가 자신의 영성에서 평화롭고 만족한 삶에 관심을 둔 것이 아니라 무엇보다 하느님께 관심을 두었다면, 자신의 슬픔 속에서 하느님을 못 보고 지나쳐버리지 않고 그 슬픔을 통하여 하느님을 발견했을 것이다. 여기서 참으로 올바른 길은 그 슬픔 자체와 자신이 곧잘 화를 낸다는 사실을 인정하는 것이다:

그래, 나는 상처를 받아서 마음이 아프다.

나의 슬픔에 대하여 곰곰이 생각만 할 것이 아니라 그 슬픔의 바탕 깊숙히 들어가면, 슬픔은 변화하여 나에게 아리고도 달콤한 맛으로 다가올 것이다. 그러면 나는 그 슬픔을 통해서 살아간다는 것이 얼마나 힘든 것인지, 존재는 얼마나 많은 비밀을 함축하고 있는지 알게 되고, 슬픔은 그러한 사실을 알려주는 하나의 강한 감정이란 사실을 느끼게 된다. 그럴 때 이러한 슬픈 감정을 허용하는 것이 나에게 유익한 것이다. 슬픔은 내가 나의 삶의 참된 모습과 하느님의 진리를 알고 느낄 때까지 나 자신에 대하여 가졌던 많은 환상들을 깨뜨리게 하는 좋은 역할을 수행하는 감정이 될 수 있다.

사람들과의 관계에서는 사납게 짖어대는 개들의 언어를 이해하려고 노력하는 것이 전혀 도움이 되지 않는 때도 자주 있다.

만약 내가 한 공동체에서 언제나 외토리고 오해를 받는 것으로 느낄 때, 나는 그 원인을 알아내어 그 오해를 풀려고 좀더 많은 대화를 시도해 볼 수 있다. 그러나 외토리로 남아 있는 듯한 느낌과 이해받지 못하고 있다는 느낌이 여전히 남아 있는 경우가 자주 있다. 그럴 때 마침내 이해를 받아서 받아들여지기를 원하면서 지속적으로 노력하는 것은 아무런 결과를 가져오지 못하는 의미없는 일이다. 내가 모든 사람에게 받아들여지기 위해 노력하면 할수록, 그러한 것을 더 적게 체험하게 된다. 그럴 때 내가 할 수 있는 것은 공동체 안에서의 상황을 영성적 도전으로 바라보는 것이다. 한 수도원 공동체 안에서나 결혼생활에서 더 이상 개선될 수 없을 정도로 상황이 나빠진 경우도 있다. 이러한 상황들은 하느님 안에서 안식처와 위안을 찾도록 나에게 강요한다. 그 공동체가 내게 필요한 요소들을 채워주지 못할 때 나는 다음과 같은 시편 구절을 어느 정도로 진지하게 받아들이고 있는지 스스로에게 질문해 보아야 한다:

주님은 나의 목자, 아쉬울 것 없노라(시편 22).

내가 하느님께 나의 욕구 충족을 요구하여 행복한 상태에 있도록 해달라고 해야 할까? 하느님은 나에게 그러한 일을 반드시 해주어야만 하는 존재일까? 아니면 내가 아빌라의 데레사가 말한 것처럼 하느님만으로 충분함을 느껴야 할까? 인간들과의 관계에서 발생하는 더 이상 해결이 불가능한 문제들은 내가 하느님을 어느 정도로 진지하게 받아들이고 있는가를 알아보는 하나의 시험이다. 이러한 상황에서 나는 모든 희망을 결국 최종적으로는 하느님께만 두는 것, 나의 그리움의 대상을 하느님만으로 삼는 것, 하느님에게서 구원과 충만을 기대하는 것을 배울 수 있다. 만약 내가 다른 사람들에게서 안식처와 고향을 발견하지 못하면, 내 안에서 그것을 찾아야 한다. 내 안에는 내 주변에 존재하고 있는 이웃 사람들이 조금도 들어올 수 없는 나만의 고유한 공간, 하느님께서 내 안에 거하시는 고유 공간이 있고, 그 공간 안에서 나는 참으로 고향처럼 편안하고 행복하게 머무를 수 있는 것이다. 왜냐하면 신비로 가득 찬 하느님께서 몸소 내 안에 계시기 때문이다. 내가 주변 사람들에게 이해받지 못하는 상황에 대하여 계속 불평하고 화만 낼 것인지, 이것을 계기로 하느님 안으로 깊이 성장해 들어갈 것인지는 나의 결단에 달려 있는 사항이다.

이러한 것들은 아래로부터의 영성이 구체적으로 어떠한 모습인지 보여주는 몇몇 예에 지나지 않다. 아래로부터의 영성은 무엇보다도 우리가 우리 안에 존재하고 있는 것에 관심을 두고 고개를 숙여 들여다보며, 우리 안에서 일어나는 감정들을 진지하게 받아들이고, 어떤 종류든간에 우리 안에 존재하는 정서와 열정에 대하여 선입관을 가지지 않는 것에서 드러난다. 더 나아가 하느님께서 바로 우리의 감정과 열정 안에서 우리에게 말씀하시고, 우리가 그 감정과 열정의 소리에 귀를 기울이지 않을 경우에는 삶을 건성으로 살아가는 것밖에 안된다는 사실을 아래로부터의 영성이 말하고자 한다는 사실을 우리는 알고 있다.

감정이나 열정들과의 대화는 우리의 삶에 본질적인 요소이고 이것 없이는 삶이 빈약해지는데도 불구하고 그동안 억압되고 한쪽으로 밀쳐졌던 영역들에 대하여 우리가 관심을 갖게 한다. 또는 우리가 지금까지 금기시해 온 정서들이 우리로 하여금 하느님께서 원래 우리에 대하여 계획하셨던 우리 자신의 모습을 만나게 할 수도 있다. 우리는 이상적인 것으로 자의로 설정한 자신의 표상으로 자신도 모르게 하느님께서 본래 원하셨던 우리 자신의 원형을 덮어씌워 감추어두고, 자신이 설정한 표상을 실현하려고 무진장한 노력을 기울이면서 결국에는 참된 자아를 구현하지 못할 때가 많다.

우리가 설정한 이상적인 표상들은 평화롭고 친절한 모습을 모범적인 것으로 삼고 있고, 그러한 표상대로 자신의 삶을 실현해 나가기 위해서 엄격한 통제와 훈련을 가한다. 그러나 이러한 이상적인 표상들로 인해 우리는 하느님께서 본래 계획하셨던 우리의 참모습을 왜곡시키게 된다. 내 안에서 완전히 다른 어떤 것이 살아가고자 할 수 있다. 하느님께서 내 안에서 전개하시기를 원하시는 완전히 일회적인 어떤 것이 내 안에 살아가고자 할 수 있는 것이다. 그런데 나는 그것이 내가 설정한 표상들에 일치하지 않는다는 이유로 억압할 수 있다.

필자는 아래로부터의 영성을 논하는 이 순간에도 이 아래로부터의 영성 안에 공명심이 파고드는 것을 느끼고 있다. 그것은 내가 나 자신을 스스로 변화시킬 수 있다고 생각하는 것, 하느님께로 나아가는 길을 스스로 찾을 수 있다고 생각하는 것, 그 방법이 필자가 청소년 때 가졌던 것과는 다르지만 하여간 스스로 할 수 있다고 생각하는 자만심이다. 그런데 아래로부터의 영성이 의미하는 것은 바로 내가 스스로를 구제할 수 없다고, 변화될 수

없다는 것을 인정하는 것이다. 나는 자신에게 언제나 다시 반복하여 다음과 같이 주지시켜야 한다:

> 너의 모든 영성적 노력들, 네가 저술한 수많은 책들에도 불구하고, 너는 너의 변덕스럽고 괴팍한 감성들과 명예욕에서 해방될 수 없을 것이다.

나는 나의 이러한 무능함을 인정하고 난 후에야 비로소 나 자신을 하느님에게 열어놓을 수 있다. 여기서 나 자신을 하느님께 온전히 내어드리기 위해서 해야 할 일은 오직 두 손을 열어놓는 것이란 사실을 감지하게 된다. 그래서 필자는 『분쟁의 종말』*Das Ende einer Affäre*이란 소설의 마지막 말에서 깊은 감명을 받았다. 그 소설에서 사라를 극진히 사랑했던 소설 속의 주인공 작가는 그녀의 죽음 이후에 그녀의 남편과 함께 한 잔의 맥주를 마시면서 이렇게 기도하고 있다:

> 오 하느님, 당신은 하실 수 있는 만큼 다하셨습니다. 당신은 저에게서 빼앗아가실 수 있는 모든 것을 빼앗아가셨습니다. 저는 이제 새로운 사랑을 시작하기에는 너무 늙었고 힘이 쇠진되었습니다. 그러므로 간절히 청하오니 저를 영원히 혼자이게 제발 그냥 내버려두십시오(Greene 183).

자신이 사랑했던 사라와 함께 온갖 모험을 온갖 어려움을 무릅쓰고 감행했던 그는 그 모든 분쟁의 마지막 순간에 자신을 오직 하느님께 완전히 맡겨드릴 수 있었던 것이다. 그가 쌓아올린 덕행이 아니라 그에게 금지되었던 사랑의 실패가 하느님을 체험하게 했다. 조르즈 베르나노스George Bernanos의 소설 속에 나오는 시골 본당신부 역시 이와 비슷한 기도를 하고 있다:

> 오 주님, 당신이 스스로 모든 것을 다 내주어 빈털터리가 되셨던 것처럼, 저도 이제 모든 것을 다 잃고 말았습니다. 당신은 모든 것을 섬세하게 배려하시고, 섬세하게 사랑하십니다(Bernanos 201).

나 자신을 변화시키고자 하는 모든 노력들에서 나는 언젠가 한번은 지치게 될 것이다. 그러면 나는 나를 교만으로 이끌어가는 덕행에 의해서 하느님 안으로 몰입해 들어가는 것이 아니라, 이제 더 이상 어떠한 것도 할 수 없고 어떤 것도 가지지 않은 빈털터리 신세가 나를 하느님께 전적으로 맡겨드리도록 할 것이다. 나는 이제 하느님께 나를 맡겨드리는 것말고는 다른 어떤 가능성도 지니지 못한 상태에 놓인 것이다. 그리고 난 뒤에야 비로소 나는 어떤 업적을 쌓아가는 것을 영성의 핵심으로 삼으려고 하는 명예욕에서 해방될 것이다.

나. 나의 질병들과의 대화

아래로부터의 영성은 질병을 대하는 방법에 대해서도 하나의 새로운 길을 제시한다. 우리의 무의식 세계 안에는 우리가 한 번도 아프지 않고 건강하게 살고자 하는 원의가 들어 있다. 우리는 질병에 걸리는 것을 삶이 아래로 몰락해 가는 것으로 느낀다. 우리는 이 세상의 사물들 위에 존재하고 있지 않다. 우리는 바이러스 침입을 받아 시달리기도 하는 존재이다. 병균이 침입하면 육체는 긴장하여 그것에 반응을 보이고 어려움을 겪게 된다. 그러한 상황에서 우리는 불편함을 느끼고 짜증을 내며, 건강을 되찾기 위해 약과 좋은 음식을 먹고, 운동도 하게 된다. 삶을 규칙적으로 건전한 방법으로 살아가는 것은 건강을 유지해 나가는 매우 좋은 방법이다. 그러나 만약 우리가 자신을 한 번도 아프지 않게 보장할 수 있는 삶의 방법이 있다고 생각한다면, 그것은 한 번 더 완벽주의를 추구하는 이상적 요소를 설정하는 것이 된다.

질병은 종종 우리 안의 보물을 발견할 수 있는 좋은 기회가 된다. 만약 우리가 전혀 아프지 않고 건강하게만 살아간다면, 우리는 삶을 표면에서 건성으로 살아가게 될 것이고 우리의 본질에 접근하지 못하고 지나쳐버리고 말 것이다. 우리는 본성적으로는 하느님께 대하여 민감하게 반응하고 관심을 가지는 존재가 아니며, 또한 하느님께서 우리에게 본래 원하시는 삶을 자연적으로 충실히 살아가는 존재가 아니다. 그래서 질병은 우리를 참된 삶으로 인도하여 우리 안에 들어 있는 보물을 발견하기를 원하시는 하느님의 부르심이 될 수 있는 것이다.

　여기서 우리가 질병들과 어떻게 대화를 해나갈 수 있으며, 하느님께서 어떻게 질병을 통하여 우리를 보물이 있는 곳으로 안내해 가시는가에 대한 몇 가지 예를 들고자 한다. 질병은 우리 안의 새로운 가능성들을 발견할 수 있는 하나의 기회가 될 수 있다. 그러나 질병은 우리가 자신에 대하여 실망하도록 할 수 있으며, 우리를 무능하게도, 질병이 부과하는 엄청난 고통을 지고 가게 할 수도 있다. 자주 우리는 다가온 질병 안에서 아무런 의미도 발견하지 못하는 경우가 있다. 우리는 질병이 우리에게 무엇을 알려주고자 하는지 전혀 모를 때가 있다. 그러나 질병은 우리가 바로 이러한 무의미 속에서, 잃어버린 건강에 대한 슬픔 속에서, 아픔과 고통의 어둠 속에서 하느님을 향해 자신을 깨뜨리고 열어놓도록 할 수 있다. 그래서 우리는 모든 종류의 다른 시도들을 그만두고, 우리 자신 안에 깊이 들어올 수 있으며, 하느님께 우리를 완전히 내어드릴 수 있게 된다.

　나이가 많은 사제들 중에는 자신들이 미사를 드리다가 혹시 건강상의 문제로 중심을 잃고 쓰러지는 일이 발생하거나 다른 어떤 종류의 어려움이 생겨나지나 않을까 걱정하는 경우가 종종 있다. 이러한 걱정은 바로 성찬례를 거행하는 중요한 순간에 더욱더 많이 생겨난다. 이러한 걱정에 사로잡힌 사제들 중 더러는 제단을 꽉 움켜잡고 버티거나 식은땀을 흘리기도 한다. 그리고 이들 중 대부분은 그들에게 문제가 생겼다고 생각한다. 그래서 이러한 어려움들에서 벗어나기 위해 이 의사, 저 의사 들을 찾아다닌다.

그런데 의사들을 찾아다니는 것 못지않게 중요한 것은 "내가 왜 이렇게 걱정이 많을까?, 어떤 경우에 내가 어지러움을 느끼게 될까?"를 알아보는 것이다.

그런데 걱정하는 것은 윤리적인 문제가 아니다. 그 누구도 걱정하고 싶어서 하는 것은 아니다. 걱정은 그 사람 안에 자신이 이상적으로 그려놓은 표상과 현실의 실제 상황과의 차이에서 오는 갈등에서 유래한다. 이러한 걱정이 생겨나는 원인 중에 가장 큰 것은 위로부터의 영성이 여기에 강하게 작용하고 있기 때문이다. 이상적인 표상이 너무나 높아서 그는 걱정을 하게 되는 것이다. 사제들 중에는 거룩한 성체 변화의 순간에 자신도 모르게 고전적인 사제상을 자신 안에 강하게 부각시켜서 사제는 현세의 것을 천상의 것으로 변화시키는 존재이며, 신적인 것을 접하는 존재라는 생각, 이외에도 여러 가지 이와 비슷한 생각들에 집착하게 된다. 그리고 동시에 그는 그 자신이 자신의 존재 자체 안에 있는 성적 활력과 공격성이 불러일으키는 어려움들을 비롯하여 여러 가지 잘못들과 연약함에 시달리고 있는 인간이란 사실을 감지한다. 그는 자신 안에 함께 놓여 있는 이러한 두 모습을 잘 조화시켜 나가지 못한다. 그래서 그의 육체도 그 자신의 조화를 잘 이루지 못하고 있는 정신 세계에 같은 반응을 일으킨다. 이러한 불일치는 그에게 큰 불편을 주어서 그가 그것을 도저히 간과할 수 없도록 한다. 그는 이를 악물고 자신을 통제해 보려고 노력하지만, 그러한 노력은 그에게 아무런 도움이 되지 못한다.

그는 먼저 자신의 실상을 있는 그대로 보고 인정해야 한다. 만약 내가 내 안의 걱정과 대화를 시도해 본다면, 그 걱정은 나로 하여금 내 안에 존재하는 분열에 관심을 갖게 한다. 그 걱정은 나에게 이러한 양면성을 함께 고찰하도록 교육시키며 잘못들과 유약함으로 점철된 나의 인간성을 있는 그대로 받아들이고, 하느님께서 나의 이러한 모습들을 다 아시면서도 나에게 사제 직무를 맡기셨듯이 나를 있는 그대로 받아들이는 것을 배우도록 한다. 이러한 것은 내가 자신을 인간 위에 두지 않도록 주의시키며 이상적인 사제상에 자신을 고착시키지 않도록 한다. 그 걱정은 나를 세속적인 안목으로 설정되어 나를 경직시키는 이상적인 사제상에서 해방시켜 그리스도교적 사제직의 신비로 나아가게 한다. 이에 대하여 히브리인들에게 보낸 사도 바울로의 서간에서는 다음과 같이 서술하고 있다:

> 우리의 대제관은 우리의 연약함을 동정하지 못하는 분이 아닙니다. 그분은 죄 외에는 모든 일에 우리와 마찬가지로 시험을 받으셨습니다. … 모든 대제관은 사람들 가운데서 뽑혀 사람들을 위하여 하느님께 관한 일을 맡고 있습니다. 그것은 그가 예물과 속죄의 제사를 바치기 위함입니다(히브 4,15; 5,1).

물론 그 걱정과 대화를 이끌어간다고 걱정이 완전히 사라지는 것은 아니다. 그러나 그 걱정이 내가 어떠한 상황에 놓여 있는지 좀더 잘 이해하도록 할 수는 있을 것이다.

두통은 우리가 일을 해나가는 데 상당한 지장을 준다. 그래서 우리는 두통에서 가능한 한 빨리 벗어나기를 원한다. 그럴 때 우리는 두통이 알려주고자 하는 메시지를 그냥 놓치게 된다. 일반적으로 두통은 우리가 자신에게 너무 많은 것을 요구한다든지, 너무 많은 일 속에 있다는 것을 알려주는 하나의 표지이다. 그리고 때로는 우리가 속해 있는 공동체에서 편안함을 느끼지 못하고 있음을 알려주는 표지이기도 하다. 만약 우리가 두통을 약으로 없애려고 한다면, 두통이 우리에게 전달하고자 하는 중요한 의미를 알 기회를 놓치게 된다.

두통은 육체가 우리로 하여금 좀 쉬도록 신호를 보내는 것이다. 그렇지 않을 경우에 우리는 계속해서 무리하게 일을 해나갈 것이다. 우리에게 주어진 능력의 범위를 넘어 무리하게 되면, 두통이 그것을 알려주는 것이다. 우리는 육체가 그렇게 강한 반응을 보이는 것을 감사하게 생각해야 한다. 육체는 우리가 지나치게 활동하여 우리의 보물로 들어가는 길을 막을 경우에 언제나 짖어대는 충실한 동반자이다. 우리는 육체가 나의 의지에 복종하도록 하기 위하여 성급하게 약을 사용하는 것처럼 육체를 위에서 아래로 고압적으로 다루어서는 안된다. 오히려 육체가 우리에게 말하려는 것이 무엇인지 알아듣도록 섬세한 관심으로 배려해야 한다.

하느님께서 직접 나의 질병을 통하여 나의 참모습을 알려주신다. 하느님께 나아가는 길에서 나는 나의 질병을 간과할 수 없는 것이다. 나는 오히려 나의 질병을 관통하여 영혼과 육체의 참되고도 깊은 구원을 가져오실 수 있는 분이신 하느님께로 손을 뻗칠 수 있다. 내가 아픈 바로 그곳에 나의 보물도 놓여 있다. 나의 질병을 약으로 퇴치하기 이전에 먼저 나는 그 질병과 대화를 가지도록 노력해야 한다. 아마도 질병은 우리에게 자신을 잘 다루지 못하고 있음을 알려주고 있을지도 모르며, 우리가 자신의 직무에 충실하지 않았거나, 우리 안에 살아 계신 하느님의 모상에 반대되는 삶을 살아가고 있음을 알려주고자 하는지도 모른다.

질병과 화해를 하면, 질병은 우리가 지금까지 소홀히한 영역과 가능성들에게 안내해 줄 것이다. 질병은 우리 안에 존재하는 야생 개로서 우리가 그 질병이 말하고자 하는 것을 귀담아듣고 함께 보물이 있는 곳을 찾아 나가기까지 짖어대는 것을 멈추지 않을 것이다. 이러한 상황에서 모든 질병에서 해방되는 것이 중요한 관건關鍵은 아니다. 때로는 자신들이 지닌 본질에 따라 살아가도록 우리에게 지속적으로 충고를 해주는 존재가 필요하다.

심리학적인 지식으로는 결코 떼어낼 수 없는 알레르기가 그러한 충고자의 역할을 수행하는 존재가 될 수도 있다. 알레르기는 우리가 자신을 잘 돌보아야 한다는 것을 알려주는 역할을 수행할 수 있고, 또한 우리의 원의를 채워나가는 작업에서도 서두르거나 과욕을 부려서는 안되며 부드럽고 조심스럽게 해나가야 한다는 사실을 알려주는 존재일 수도 있다. 알레르기는 나의 삶을 잘 계획하여 무리하지 않고 합리적으로 살아가도록 압력을 가할 수 있으며, 남이 이끌어 가는 대로 살기보다는 적극적으로 살아가도록 나의 마음을 자극하는 존재일 수도 있다. 기침은 기침을 하는 사람으로 하여금 다른 사람이 기대하는 것을 채워나가기 위해 무리하게 살아가지 말고 자신의 느낌에 섬세히 배려하면서 자신의 삶에 충실해야 한다는 것을 생각하게 하는 것일 수 있다. 여기서 우리는 한 질병의 증세에 대하여 점검해 볼 필요가 있다. 한 질병의 증세가 이미 그 질병을 치유할 수 있는 길을 제시하는 경우가 종종 있다. 그 증세는 우리가 무엇에 대하여 주의를 기울여야 하는지 말해준다.

　그러나 우리는 자신들의 모든 질병과 대화함으로써 숨겨진 보물을 발견하도록 안내하는 존재로 변화될 수 없음을 인식해야 한다. 우리에게 다가온 질병이 드러내고자 하는 의미를 종종 전혀 알아들을 수 없는 경우도, 견디기 힘든 고통만 따르는 질병도 자주 있는 것이다. 가끔 우리가 다가온 질병이 무엇을 의미하는지 충분히 질문해 보아도 아무 대답도 들을 수 없는 경우가 많다. 영혼의 상태를 알려주는 질병도 있지만, 그것을 통해서는 어떠한 의미도, 영혼과 심리 상태에 대하여 어떠한 것도 알아낼 수 없는 외부에서 운명적으로 다가와 우리를 괴롭히는 질병도 있다.

　그럴 때 우리가 취할 수 있는 유일한 방법은 그 질병과 화해하면서 그 속에서 하느님께 우리를 전적으로 내어드리는 것이다. 그 질병은 우리가 자신을 방어하기 위해서 손에 든 무기들을 내려놓고 하느님께 완전히 항복하도록 압박한다. 질병 속에서 하느님께 자신을 완전히 내맡기는 것이 그렇게 수월한 것은 아니다. 그래서 만약 우리가 좀더 올바르게 살았더라면 그러한 질병에 걸리지 않았을 것이라면서 우리를 좀더 현명하게 진보시키는 것을 목적으로 삼고 있는 것으로 스스로를 내세우는 위로부터의 영성을 자주 받들게 된다. 이러한 생각 안에는 우리가 마치 그 질병을 잘 극복할 수도 있다는 야심이 들어 있다. 그러고는 우리가 다가온 질병의 원인이 되는 잘못을 스스로 만들었다는 감정을 자주 갖게 된다.

이러한 때에는 이렇게 생각하는 원인들을 찾아야 하며, 모든 죄의식을 떨쳐버리고, 자신을 완전히 하느님께 맡겨드려야 한다. 하느님은 자주 생각지도 않은 방법으로 완전히 다르게 우리를 인도하신다. 질병 속에서 우리는 완전히 이해할 수 없는 하느님을 만나게 되는 것이다. 그럴 때 우리는 하느님과 자신에 대한 모든 표상들을 완전히 버리고 자신을 참된 하느님께 온전히 내맡겨야 한다. 하느님은 우리에게 온전히 다가와서 완벽하게 당신의 것으로 삼기 위해서 우리가 설정한 모든 계획들과 표상들을 인정하지 않고 지워버리시는 것이다.

다. 나의 상처들, 아픔들과의 교제

아래로부터의 영성은 나로 하여금 나의 상처들에 대해서도 지금까지와는 다른 방법으로 접근하도록 한다. 우리들은 예외없이 어떤 종류든간에 우리의 삶을 힘들게 했던 상처를 지니고 있다. 어떤 사람은 어린아이였을 때 자신을 방어할 능력이 없는 상태에서 억울하게 두들겨맞았던 일이 마음의 상처로 남아 있는 경우도 있고, 어떤 사람은 자신이 개진한 의견이 주변의 사람들에게 비웃음거리가 되었던 일이 고통스런 삶의 상처로 남아 있을 수도 있다. 또 어떤 사람은 성희롱을 당했던 일이 깊은 마음의 상처로 남아 고통을 받기도 한다. 이러한 것들은 매우 깊은 상처들이다. 존 브레드스호John Bradshaw는 상처 중에서도 가장 나쁜 것은 영적 상처라고 말한다. 그는 영적 상처란 자신의 가치를 타인들에게 존중받지 못하거나 멸시당하는 경우라고 말한다:

> 우리가 자립적이지도 못하고 여러 가지 부끄러운 잘못들로 점철된 미성숙한 사람으로 언제나 취급당할 때, 우리는 깊은 영적 상처를 받게 된다. 남녀 할 것 없이 자신의 정체성을 인정받지 못할 때 아래로 몰락하기 시작한다는 것이다. 우리는 누구나 다 자신이 유일회적인 존재, 이 세상에 존재할 가치가 충분히 있는 멋진 존재로 인정받기를 원한다(Bradshaw 66).

어떤 사람들은 어린아이였을 때 받은 상처의 방어수단으로 내적으로 마음을 경직시키거나 복수심을 가지기도 했다. 이러한 것은 종종 살아남기 위해서 어쩔 수 없이 취해야 하는 행위이기도 하다. 그러나 그러한 것은 우리가 살아가는 데 상당한 지장을 준다. 어떤 사람들은 자신이 입은 상처를 부끄럽게 여겨 압박을 가하기도 한다. 그들은 상처들을 보자기나 다른 어떤 것으로 감싸서 밖으로 나오지 못하게 밀폐시킨다. 그럴 경우에 그들은 상처를 감싼 보자기나 그릇이 혹시 약해서 상처들이 밖으로 튀어나오지나 않을까 계속 걱정하게 된다. 어떤 이들은 상처로 마음이 병들기도 한다. 그들은 그 상처들을 돌이켜 생각하면서 또 상처를 받을까봐 걱정하게 된다. 아래로부터의 영성은 바로 그러한 상처들 속에서 우리의 영혼 깊숙이 숨어 있는 보물을 찾아내고자 한다. 헨리 뉴원Henry Nouwen은 3년 전에 우리 피정의 집을 축성하는 자리에서 이렇게 말했다:

> 우리가 상처받고 부서지고 한 바로 그 자리, 그 순간이 우리가 우리 자신을 깨뜨리고 하느님을 향해 나아갈 수 있는 기회이다.

바로 그곳에서 우리의 참된 모습을 만날 수 있도록 우리 자신을 완전히 열어나갈 수 있다. 나의 상처를 통해서 내가 참으로 누구인가를 알게 된다. 바로 그곳에서 나의 마음을 만날 수 있으며, 좀더 활동적이 되고, 숨겨진 보물인 나의 참된 모습을 발견하게 된다. 상처들은 내가 스스로 덮어쓴 가면들을 부수어 그 안에 있는 참된 모습이 드러나도록 한다. 물론 아래로부터의 영성의 길이 그렇게 쉽고 간단한 것은 아니다. 이 길은 먼저 내가 상처들을 나의 가장 친한 친구로 받아들이는 것을 전제한다. 이 상처들이 나의 참된 보물로 가는 길을 알려주는 존재로 인정하여 그들과 화해해야 한다. 내가 다친 그곳에서 나는 온전히 나 자신이 될 수 있다. 바로 그곳에서 나의 표면적인 삶 뒤에 깊이 들어 있던 참된 나 자신이 고유한 목소리를 내게 된다.

한 부인이 세 살배기 어린이였을 때 이유없이 벌거벗긴 채 어머니로부터 작대기로 심하게 등과 허리 등 몸의 뒷부분을 두들겨 맞은 적이 있었다. 당시 그 소녀는 어머니의 화와 그 폭력을 견디어나가기 위해서 몸을 상당히 뻣뻣하게 긴장한 상태로 있었다. 그로부터 50년이 지난 후에도 그녀는 몸의 뒷부분에 아주 심한 통증을 지니고 있었다. 치료와 상담을 하는 과정에서 그녀는 그 이후에 다가온 자신을 다치게 하는 상황에서 방어자세로 언제나 그때처럼 몸을 뻣뻣하게 경직시켰다는 것을 알게 되었다. 그러나 그러한 원인을 알게 되었다고 해서 그 통증이 금방 사라지지는 않았다. 그녀가 대화를 통하여 정신치료를 해나가면서 마사지를 비롯한 물리치료를 지속적으로 하고 나서야 비로소 그 통증이 서서히 가라앉기 시작했다. 그러면서 그녀는 그녀의 등뒤에 비로소 정상적인 감각이 생겨나고 좋은 기氣가 흐르는 것을 느꼈다.

그녀는 다시 피어나기 시작했으며, 생기를 되찾아 몹시 기뻐했다. 그러면서 그녀는 등을 비롯한 몸의 뒷부분이 굳어져 있었던 것과 같은 상처가 당시에는 필요했다는 것을 인지하게 되었다. 그러나 지금은 더 이상 그러한 자세를 할 필요가 없게 되었다.

만약 그녀가 그러한 자세를 계속한다면 등의 통증을 더 증가시킬 뿐이다. 이제 그녀는 어린아이 때의 상처를 새로운 안목으로 바라볼 수 있을 만큼 충분히 강해졌다. 과거에는 어머니에게 화를 내는 것은 자신이 가진 이상적인 요소에 어긋나기 때문에 감히 상상도 할 수 없었으나 이제는 화를 표출할 수도 있게 되었다.

등의 통증을 치료하는 과정에서, 그녀의 삶에서 가진 상처를 진단하는 과정에서 그녀는 새로운 삶을 얻게 되었다. 그녀는 이제 자신의 과거를 객관적으로 바라볼 수 있는 상황에서 그 당시에 받았던 상처들 그리고 좋았던 추억들 등을 모두 이해하고 받아들이며 그것들과 화해할 수 있게 되었다. 그리고 그녀는 이세 그녀의 삶이 다시 정상으로 돌아와서 올바르게 흘러가고 있는 것을 느끼는 동시에 이 삶에서 참다운 기쁨도 가지면서 삶을 참으로 살아가게 되었다. 이렇게 되기 전까지 그녀의 영적 삶은 그녀가 어린 시절에 받은 상처들에게서 멀리 도망치고자 한 하나의 길고 긴 방황이었다. 그녀는 이제 자신의 상처들로부터 도망치지 않고 정면으로 대면할 수 있게 되었으며, 그 상처들을 영성의 원천으로 인식하면서 사랑해 나갈 수 있게 되었다. 상처는 그녀를 깨어 있게 하며, 더 이상 자신 안에 폐쇄적으로 갇혀 있지 않고, 하느님을 향해 자신을 열어가도록 한다.

비판에 매우 민감한 반응을 보이는 부인도 있다. 그녀는 누군가가 자신을 비판하면 그가 자신의 인격체를 거부하는 것으로 생각하면서 매우 고통스러워한다. 그녀가 어렸을 때 어머니는 그녀를 숙모에게 보낸 적이 있다. 그 당시 소녀였던 그녀는 자신이 어머니에게 부담이 되는 존재로 느꼈다. 그러한 체험이 그녀가 비판을 들을 때마다 자신이 다른 사람에게 부담스러운 존재이고 거부당하는 느낌을 강하게 가지게 한다. 좋은 말이나 충고들도 그녀가 이러한 생각에서 벗어나는 데 아무런 도움이 되지 못했다. 그리고 기도나 명상을 통해서 자신에게 고통을 주는 이러한 민감한 생각과 반응에서 벗어나고자 노력하였지만 별 효과가 없었고 그때마다 실패만 거듭했다. 열심히 기도했는데도 불구하고 그녀는 비판에 대하여 언제나 같은 반응을 보이면서 화만 내었다.

아래로부터의 영성은 그녀가 다른 사람들에게 받아들여지지 않는 것과 요청되지 않는 것에서 받는 상처로, 그녀가 그러한 것에 민감한 반응을 가지는 것으로 깊이 내려가는 것을 의미한다. 그녀가 어머니에게 부담스러운 존재로 취급당하는 고통을 새삼 더 분명한 의식으로 겪고 나면, 그 고통의 한가운데서 그녀는 다른 종류의 사랑을, 그녀를 감싸 편안한 안식처를 제공하는 무조건적인 사랑을 경험하게 될 것이고, 그 사랑이 바로 자신 안에 이미 들어 있다는 사실을 알게 될 것이다. 만약 그녀가 타인이 자신에게 행하는 비판에서 고통을 느낄 때, 그 고통을 피하기 위해 기도로 도망친다면, 그것은 그녀에게 전혀 도움이 되지 못한다. 도망치기보다는 다가오는 고통을 깊이 느껴가면서 그 터널을 지나갈 때, 그녀는 자신 안에 들어 있는 보물과 접촉하게 되며, 어린아이였을 때 하느님에게서 자신의 존재 가치를 부여받았다는 사실을 인식하게 된다. 고통의 심연을 통해 그녀는 자기 상처의 저 깊숙한 바닥 안에 계신 하느님을 인식하게 된다. 그녀가 자신의 고통을 기쁨으로 승화시키기까지는 많은 시간이 걸리고 다음과 같은 비탄의 기도를 수없이 드려야 할지도 모른다:

주님께서는 나를

먼 옛날 죽은 사람처럼

어두운 곳에 처넣어 두셨구나.

무거운 사슬로 묶어 울 안에 가두셨으니

나 어찌 빠져나갈 수 있겠는가.

아무리 살려달라고 울부짖어도

주께서는 이 간구마저 물리치시고,

도리어 돌담을 쌓아

앞길을 가로막으시는구나.

주께서 곰처럼, 숨어 엎드린 사자처럼

나를 노리시며

앞길에 가시덤불을 우거지게 하여

내 몸을 갈가리 찢게 하시고,

나를 과녁으로 삼아

화살을 메워 쏘시는구나(애가 3,6-12).

그녀는 자신의 아픔을 하느님 앞에서 다 표현한 다음에야 비로소 그 상처로부터 적당한 거리를 유지하게 되어 치유되고 변화될 수 있다.

삶은 우리를 언제나 다시 실망시킨다. 우리는 자신에 대하여, 우리 결점과 실패에 대하여 실망한다. 우리의 직업, 아내와 남편, 가족, 수도원, 본당에 대하여 실망하고 있다. 많은 사람들이 이러한 실망에 대하여 자포자기하는 자세로 반응을 보인다. 그들은 그러한 삶을 있는 그대로 받아들이며 살아간다. 그러나 그들의 마음속에서는 생동감이 식어가고 희망이 사라져간다. 삶에 대한 꿈들이 서서히 무너져가고 있다.

그러나 이러한 실망도 나를 보물이 있는 곳으로 인도해 갈 수 있다. 그 실망은 내가 나에 대하여 그리고 미래에 대하여 설정해 둔 환상으로부터 깨어나게 하려고 의도하는지도 모를 일이다. 내가 모든 것을 분홍색 안경을 끼고 바라보았는지도 모르며, 실망은 나에게서 이러한 색안경을 벗겨버리고 나의 삶의 참 모습을 나에게 보여주고 있는지도 모른다. 실망은 내가 지금까지 그 속에 빠져들어 안주하고 있던 환상을 적나라하게 보여주고 그것을 치워버린다. 실망은 내가 스스로 그려온 자신에 대한 그림이 옳은 것이 아니며, 나 자신에 대하여 과장되게 생각하고 있었다는 것을 보여주고 있다. 그러므로 실망은 하느님께서 본래 나에게 만들어주신 나의 참된 모습을 알아내는 좋은 기회이다. 물론 실망은 처음에는 커다란 고통을 안겨주는 것이다. 그러나 그 아픔을 겪어나가면서 나는 현실을 있는 그대로 받아들이며 그 현실에 맞추어 살아가는 것을 배우게 된다:

> 상처입은 조개는 피가 흐르는 그 상처에서 진주를 키워낸다. 그 조개는 자신이 겪은 아픔을 보석으로 변화시키는 것이다(Richard Shanon, in Müller 86).

나의 상처들 안에서 진주들이 자라난다. 그러나 진주들은 내가 상처들과 화해할 경우에만 자라날 수 있는 것이다. 만약 내가 상처들을 완전히 폐쇄하기 위해서 이를 악문다면, 그 속에서는 아

114 ③

무엇도 자랄 수 없다. 나의 상처들과 접촉하는 것이 종종 아픔을 가져온다. 그 아픔을 내 스스로 지워낼 수는 없는 무능함을 느끼게 된다. 그 상처가 비록 아문다 하더라도 나의 마음속 깊은 곳에 항상 남아 있게 된다. 그러나 만약 내가 상처를 받아들이게 되면, 그 상처는 삶과 사랑의 샘Quelle von Leben und Liebe으로 변화되어 갈 수 있다. 내가 상처받은 그곳에서 나는 더욱더 생생히 살아 있게 되며, 그곳에서 나 자신과 타인을 좀더 강하게 느끼게 된다. 그래서 나는 다른 사람이 나의 상처에 접근하는 것을 허용하게 되고, 그것은 만남과 접촉을 가능하게 하여 다른 이들에게도 치유 효과를 가져다준다. 앓아본 경험이 있는 의사만이 다른 사람의 병을 고칠 수 있다고 그리스 사람들은 말한다. 내가 강하게 서 있을 때는 다른 사람이 내 안으로 들어올 수 없게 된다. 내가 상처입고 약해져 있을 때 하느님이 내 안에 들어오실 수 있고, 다른 사람들도 들어올 수 있다. 그때 나는 하느님께서 본래 만들어놓으신 참된 나 자신을 만나게 되는 것이다.

우리는 자주 우리의 모든 상처들을 치유할 수 있다는 환상 속에 살고 있다. 그러한 생각 속에 우리는 상처들을 치유하는 데 하느님을 이용할 수 있다. 하느님은 우리 상처를 치유해야만 하는 존재로 생각하는 것이다. 우리는 치유에 대하여 그 상처들이 아물고 우리가 그 상처들을 더 이상 느끼지 않게 되는 것으로 이해하고 있다. 그 상처들이 아물기 전에는 우리는 상처들 주위를 맴돌면서 점점 더 깊이 그 상처 안으로 들어간다. 우리는 하느님께서 우리가 그러한 상처를 받도록 허용하신 것에 대하여 원망도 한다. 우리가 상처들과 화해할 준비가 되고 나서야 비로소 그 상처는 우리가 내면의 세계로 나아가는 문이 되며, 상처받지 않는 공간, 안전한 공간, 즉 하느님이 거주하고 계시는 공간 안으로 들어가는 문이 된다. 상처는 우리의 안전을 외적인 능력과 강함에서 찾지 말고 우리의 내면에서 찾도록 종용한다. 우리들 모두에게, 어떤 큰 상처를 받은 자에게도 이러한 안전한 공간, 하느님만이 들어가실 수 있는 절대적인 공간이 존재하고 있다. 우리는 바로 우리의 상처 한가운데에서 치유하시는 하느님이 우리 안에 계시는 것을 체험할 수 있다.

라. 무능과 실패의 체험

앙드레 루프André Louf는 언제나 자신의 무능을 체험하는 것을 통해 하느님께 나아가는 길을 찾았다. 이제 내가 더 이상 아무것도 할 수 없는 처지가 되었을 때, 모든 것이 나의 작용 범위를 벗어나 떠나가버렸을 때, 이제 내가 나의 실패를 인정할 수밖에 없는 처지에 직면했을 때, 그때 내가 할 수 있는 것은 유일하게 나 자신을 되어가는 대로 놔주는 것, 나를 하느님께 완전히 내어드리는 것, 나의 빈손을 열어 하느님을 붙잡는 것뿐이다. 하느님을 체험하는 것은 나 자신의 노력으로 얻는 하나의 보상이 결코 아니고, 나 자신의 무능에 대한 응답이다. 자신을 하느님께 건네드리는 것이 영적 삶의 목표이다. 앙드레 루프는 약함의 자기수련 Askese der Schwachheit에 대해 이렇게 말하고 있다:

> 모든 형태의 참된 Askese(자기수련)는 수도자로 하여금 자신의 완전한 무력함을 체험하게 한다. 그는 자신을 수련해 나가는 과정에서 자신이 지닌 힘들이 완전히 부서져 주저앉는 것을 체험하며, 자신의 극단적인 연약함에 직면하게 된다. 그는 그러한 수련을 통해서 조금도 더 나아지지 않은 자신을 만나게 된다. 그래서 그는 자신이 완전히 부서지는 것을 체험하게 된다. 그와 함께 자신이 완벽하게 설계한 이상적인 계획들이 무너지는 것을 체험한다. 이렇게

완전히 부서져 내려앉아 완전한 무력감 속에 놓여진 그 안에 하느님께서 들어오셔서 모든 것을 넘겨받으시게 된다. 그렇게 되면 그 수련은 완전히 부서진 그를 그 자신의 무능과 주님의 전능에로 인도하는 하나의 기적으로, 그것도 지속적으로 작용하는 기적으로 변하게 된다(Louf 46f).

루프Louf는 모세 아바스의 말을 하나 소개하고 있다:

금식과 한밤중에 일어나 깨어 있는 것 등은 수도자를 낙심하게 하여 그가 자신의 힘에 의존하는 것을 포기하고 겸손한 자세를 갖도록 하는 데 목적이 있다. 만약 그가 이러한 자세에 도달하면, 그는 하느님을 만나게 된다(46).

Askese는 우리를 강한 존재로 만드는 것이 아니라, 우리가 약한 존재임을 알게 하고, 스스로의 힘으로는 자신을 더 나은 존재로 만들 수 없음을 체험하게 하며, 완전히 하느님의 은총에 내맡겨진 존재라는 것을 알게 한다. 바로 그곳에서 나는 나 자신과 나의 모든 노력들을 접어두고 하느님의 품에 안기게 된다.

모든 실패에도 불구하고 수도자들은 Askese를 수행해 나가고자 한다. 본회퍼Bonhoeffer가 말한 바와같이 수도자들은 Askese 없이 받는 은총은 "값싼 은총"에 지나지 않다고 생각하는 경향이 있다. 나 자신을 개선하려는 모든 노력에서 실패를 경험하고 나서야 비로소 나는 은총의 참된 의미를 알게 되고, 시골 본당신부 베르나노스Bernanos가 쓴 일기를 올바로 이해하게 된다: "모든 것이 은총이다." 루프는 그가 약함의 자기수련이란 말을 어떻게 이해하고 있는지 한 예를 통해서 설명하고 있다:

한 젊은 수도자가 찾아와 물었다: "아바스 아버님, 제가 내일 아침에 한 시간 일찍 일어나도 좋겠습니까? 저는 그렇게 할 수 있습니다. 믿어 주십시오." 아바스가 대답했다: "수사님이 그렇게 하실 수 있더라도, 그것은 불필요한 행위입니다. 그러한 행위는 별로 의미가 없습니다! 만약 수사님이 그렇게 일찍 일어날 수 있다면, 당신은 어느 편에 서는 것이겠습니까? 당신은 정의로운 자 편에 서는 것이 아니겠습니까?" 만약 그 수도자가 다음과 같이 말했더라면 상황은 완전히 다르게 전개되었을 것이다: "그것은 저의 약한 부분입니다. 그리고 저는 하느님께서 저의 약한 부분을 통해 저를 당신께로 부르시는 것을 느낍니다. 하느님은 저의 약함을 통해 당신의 기적을 행하시려고 합니다." 이러한 것이 Askese이다. 그리고 모든 이가 이러한 Askese로 불린 것은 아니다. 그것은 분명한 사실이다(47).

Askese는 자신의 능력을 시험해 보는 것이 아니고, 언제나 다시 자신의 한계선에 도달하는 것이며, 그 한계선에서 자신을 무한한 존재이신 하느님께 내어드리는 것이다:

수도회에서 행하는 Askese는 가난하고 약한 사람이 자신의 희망을 하느님의 은총에 두기 위해서 가지는 유일하고 고유한 자세이다. 그렇지 않다면 그것은 그리스도교 밖의 Askese이다(47).

하느님께 남아 있는 가능성이 때로는 유일하게 사람의 약함을 통하여 인도하는 길뿐인 때가 있다. 그가 죄를 통하여 어떤 깨달음에 이르는 것보다는 그의 약함을 통하여 깨달음을 얻는 것이 더 낫기 때문이다. 니니웨의 이사악은 다음과 같이 말하고 있다:

> 만약 하느님께서 돌아갈 수 있는 다른 어떤 길이 없을 경우에는 인간이 죄를 짓는 것을 허용한다. 하느님께서는 인간이 자신의 가장 약한 부분을 체험하도록 그가 죄짓는 것을 허용하신다. 이것은 남아 있는 가능성 중에서 최후의 길이다. 그리고 하느님께서 당신의 힘을 계시할 다른 길이 없을 경우, 때로는 인간의 피난처를 이러한 길을 통해서 찾으시기도 한다(Louf 50).

나의 죄 안에서 내가 그동안 나 자신과 나의 영적 길에 대하여 만들어놓은 모든 환상들이 먼지처럼 날아가버린다. 그러한 것에서 나의 Askese가 내가 죄를 피하는 작업에 별로 도움이 되지 못한 것을 인지하게 된다. 그리고 내가 죄를 짓지 않을 확실한 보장은 없는 것을 알게 된다. 하느님께서 나를 붙들어주시지 않으면, 나는 언제나 다시 죄를 지을 것이다. 나는 내가 원하는 것을 하게 된다. 나 자신은 하느님의 은총이 없이는 죄에 대항할 힘이 없다. 만약 나에게 이러한 실제의 모습이 마음에 분명히 떠오르면, 나는 나 자신을 완전히 하느님께 내어드리는 것 외에 다른 행동을 취할 수 있는 가능성이 남지 않는다. 그렇게 되면 내가 하느님과 나 사이에 쌓아올려 두었던 모든 벽들이 완전히 허물어지고 만다. 그러면 나는 모든 것을 잃고 빈손이 되고 만다. 나는 손을 들고 하느님께 완전히 항복하는 수밖에 없다. 죄가 나에게 나 자신의 무능함을 보여줄 때, 그것은 복된 죄felix culpa가 된다. 나는 나 자신을 전혀 보장할 수 없다. 죄는 나를 변화시킬 수 있는 유일한 분이신 하느님께로 내 눈을 돌리게 한다.

나 자신의 체험들을 어떻게 해석하고, 그 체험들에 어떻게 반응하는가는 언제나 중요한 문제이다. 나는 나의 죄를 실패로 보고 자신에게 실망하여 스스로에게 많은 비난을 던질 수 있다. 이러한 행위는 나를 내적으로 아래로 끌어내려서 자포자기 상태로 몰고간다. 나는 나의 죄를 죄가 아닌 것으로 변명할 수도 있다. 그러면 나의 영적 삶은 건강한 시민생활의 범위를 벗어나게 된다. 그리고 나의 죄를 압박할 수도 있다. 그러면 나는 바리사이인들과 같은 존재가 될 것이다. 아래로부터의 영성은 우리가 죄 안에서 자신을 완전히 하느님께 던져버릴 수 있는 하나의 기회를 찾아내도록 한다. 그렇다고 우리가 의도적으로 죄를 지어야 한다는 것은 아니다. 아래로부터의 영성에서 말하고자 하는 것은 우리는 하느님으로부터 변화되도록 노력해야 한다는 것이다.

그럼에도 불구하고 우리는 언제나 다시 죄를 짓게 된다. 만약 우리가 이러한 사실과 화해한다면, 자신의 노력으로는 완전해질 수 없다는 사실을 인정한다면, 이것은 우리가 자신을 완전히 하느님께 내어드릴 수 있는 기회가 된다. 죄 안에서 하느님께서는 우리의 얼굴에 놓여 있는 모든 가면들을 벗기시고, 내가 완전한 사람으로 존재하기 위해서 쌓아올린 담들을 부수어버리신다. 그렇게 하여 우리는 완전히 벗은 알몸으로 참된 하느님 앞에 서게 되며, 우리 자신을 하느님의 사랑으로 다시 일으켜세우게 된다.

앙드레 루프는 바울로 사도의 편지글에서 다음의 말을 자주 되풀이하여 인용하고 있다:

> 그분은 내게 말씀하시기를 "너는 내 은총을 넉넉히 받고 있다. 그 능력은 허약함 가운데서 완성되는 법이다" 하셨습니다. … 내가 약할 때 오히려 나는 강하기 때문입니다 (2고린 12,9f).

우리의 연약함을 통해 하느님의 은총을 인지하는 것은 영적 길의 역설에 속한다. 우리는 Askese를 행하는 동안에 자주 우리 스스로 자신을 발전시킬 수 있다고 생각하고, 스스로의 힘으로 덕행을 많이 쌓아올릴 수 있을 것으로 여기게 된다. 실패를 거듭하고 나서야 비로소 우리는 스스로의 힘으로는 자신을 더 낫게 할 수 없는 존재여서 완전히, 전적으로 하느님의 은총에 매달려 있는 존재라는 사실을 인지하게 된다. 하느님의 은총은 우리의 연약함에 내려와 작용하며 우리의 무능함 속에서 영적 힘이 된다:

> 성령은 우리가 얻어맞아 완전히 부서질 때, 우리 스스로 쌓아올린 담들, 성채들, 업적들이 부서져 무너질 때, 우리를 변화시킬 수 있게 된다(Louf 29).

루프에게는 은총이라는 것이 모든 것을 감싸는 보자기 같은 그런 것이 아니다:

> 은총은 우리의 무의식 세계보다 더 깊이 파고들어가 작용
> 한다. 은총은 우리의 가장 깊은 곳에 들어 있는 존재이며,
> 우리의 육신과 영혼 전체를 거쳐 작용해 성장해 나가야 하
> 는 존재이다. 일반적으로 은총은 우리의 영혼을 파헤치고,
> 부수어버리며, 다시 한곳으로 모아 건설하고, 치유하고 바
> 로잡는다(30).

은총은 자연Natur 위에 건설하며 자연을 드높일 수 있는 존재이
다. 그러나 은총은 우리를 우리의 가장 깊은 밑바닥으로, 완전히
아무것도 아닌 무능한 존재로 끌고 내려가는 것을 통해서 우리
안에 작용할 수 있는 존재이다:

> 수도자의 삶에서 가장 혹독한 영적 시련은 그가 자신의 정
> 신적 이해력을 잃은 상태에 빠져들어 어떠한 일도 해낼 수
> 없는 상태에서 모든 것을 포기할 위험에 처하는 경우이다.
> 그가 하느님의 은총에 의해서 자신이 처해 있는 극도로 약
> 한 상태에서 구출되지 않는 한, 그는 이러한 상태에 빠지
> 게 되고 그 상태는 지속된다. 그가 지금까지 겉으로 꾸며
> 거짓으로 취해온 겸손의 자세와 잘못 설정한 완전에 대한
> 추구가 완전히 무너진 다음에야 비로소 그에게 모든 영역
> 에서 새로운 가능성이 열리게 된다(31).

수도자가 지금까지 자신이 그렇게도 강하게 집착해 온 이상적인 요소들을 실현해 나감으로써 완전하게 되려는 의지가 부서지고 나면, 남는 것은 자신을 하느님께 완전히 내어드리는 것밖에 없다.

조르즈 베르나노스는 「시골 본당신부의 일기」에서 거듭 되풀이해 말하고 있는 실망, 자신 안에 있는 악의, 죄와 같은 모든 부정적인 요소들은 최종적으로는 우리를 하느님 안으로 몰아가는 것으로 서술하고 있다. "만약 삶이 나를 실망시킬 경우에 내가 취할 수 있는 것은 분명히 단 하나뿐입니다. 나는 자신에게 복수를 할 것이고, 악은 악으로 갚을 것입니다"라는 공작 딸의 말에 그는 이렇게 대답한다:

> 그러한 순간에 당신은 하느님을 발견하게 될 것입니다. …
> 당신이 앞으로 전진하기를 원하시면, 계속해서 앞으로 전진하십시오. 어느 날 갑자기 당신이 쌓아올린 벽이 허물어지고, 모든 길들이 막힐 것입니다. 그러한 순간에 하늘이 열릴 것입니다(Bernanos 261).

그 시골 본당신부가 자신이 계획했던 일과 맡아 돌보던 본당 공동체에서 실패함으로써 하느님과의 더 깊은 사랑의 관계로 나아간 것이다. 죽음이 가까이 다가왔을 때, 그는 자신에 대한 불신과 일에 대한 실패가 사랑으로 변화되는 것을 체험할 수 있었다:

> 나 자신에 대한 불신이 서서히 사라져 영원히 떠나가는 것을 느꼈다. 이들을 거슬러 가졌던 싸움은 이제 끝났다. 나

는 나 자신, 즉 죽어가고 있는 불쌍한 육신과 화해한 것이다. 자기 자신을 미워하는 일은 사람들이 일반적으로 생각하는 것보다 더 쉽게 그리고 더 자주 일어난다. 은총은 사람이 자신을 용서하는 데서 시작된다. 우리 안에 존재하는 모든 교만이 죽어 없어진다면, 그것은 은총들의 은총이다. 그는 그리스도의 고통받는 지체들 중에서 자신이 아무리 보잘것없는 한 부분을 이룬다고 하더라도 자기 자신을 그러한 지체로서 사랑하게 된다(같은 곳 302f).

우리 자신에 대한 실패는 우리 자신에 대한 절망으로 나아가게 할 수 있다. 그러나 이러한 절망도 우리를 다시 일으켜세우시는 하느님의 은총을 향해 마음을 열고 나가게 할 수 있다. 그러므로 베네딕도 성인의 수도회 규칙서 4장에서는 우리 자신을 가꾸어나가고 하느님의 은총을 받아들일 준비를 하기 위해 우리가 스스로 해나가야 할 것들을 나열한 다음, 마지막 부분에서 영적 삶의 기술을 위해 가장 중요한 도구로 다음의 말을 들고 있다:

하느님의 자비에 대하여 절대로 포기해서는 안된다.

그는 자기수련은 우리를 쉽게 절망으로 이끌어갈 수 있다는 사실을 명백하게 인지했다. 왜냐하면 자기수련을 통해서는 우리가 원했던 것에 도달하지 못하기 때문이다. 그런데 일반적으로 우리는 자신의 잘못과 실패에 대하여 다르게 대한다. 잘못이나 실패를 했을 때 우리는 자신에게 몹시 실망하여 자신을 비난하거나 그 사실을 인정하지 않으려고 눈을 감아버린다. 자신의 삶에서 발생한 부서진 조각들을 외면하지 않고 손에 쥐는 것은 중요한 일이다. 그러한 것에서 새로운 것이 생겨날 수 있다.

많은 사람들이 한창 열심히 살아가는 삶의 중반기 나이에 자신들이 부서진 삶의 파편더미 위에 앉아 있는 것으로 느끼는 경우가 있다. 그리고 그러한 경우에 이들은 대부분 자포자기하기 일쑤다. 그러나 그 부서진 조각들은 다시 새롭게 정돈되고 맞추어질 수 있는 것이다. 아마도 우리들 삶에서 오래된 껍질이 너무 협소해졌는지도 모를 일이다. 그리고 그것은 어차피 부서져야만 했던 것이었는지도 모른다. 실패와 좌절이 하나의 새로운 기회로 반전될 수 있는 것이다. 우리는 자주 우리의 성공을 통해서보다 실패를 통해 더 많이 배운다. 융은 성공이 많은 삶은 변화를 가지기가 매우 어렵다고 한다. 즉, 큰 성공은 변화의 가장 큰 적인 것이다. 실패와 좌절을 통해서 우리는 하느님만이 우리의 폐허로 변한 삶에 당신의 집을, 그것도 당신 영광의 집을 지으실 수 있다는 사실을 알게 된다. 이스라엘 백성은 다음과 같은 사실을 언제나 다시 체험하곤 했다:

> 그렇다, 야훼가 시온을 불쌍하게 보고
> 다 허물어진 그 모습을 가엾게 여기리라.
> 그리하여 그 황무지를 에덴처럼 만들고
> 그 벌판을 야훼의 동산처럼 만들어
> 흥겨움과 즐거움이 넘치고
> 감사의 노랫가락이 울려퍼지게 하리라(이사 51.3).

만약 내가 정말 열심히 노력했는데도 불구하고 언제나 같은 잘못에 빠져들 때, 또는 상당히 강하고 규칙적인 자기수련에도 불구하고 감당하기 힘든 심한 죄에 빠져들 때, 나는 나를 돋보이게 하기 위해서 행했던 모든 이기적인 노력들로부터 자유로워질 수 있다. 그럴 때 나 자신을 비난하기보다는 나의 빈손을 하느님께로 들어높여야 한다. 그러면 나의 죄를 바라보는 것이 아니라, 이 모든 것에도 불구하고 나를 사랑하시는 자비로우신 하느님을 보게 된다. 그렇게 할 때 나는 하느님께 받아들여지기 위해서 선행이라든가 훌륭한 덕행 또는 그밖의 어떤 예물을 반드시 가져와서 그것을 통해 그분의 마음을 사려고 할 필요가 없음을 알게 되며, 그동안 자기수련을 통해 내가 교만하게도 하느님 앞에 떳떳하게 설 수 있는 의로운 존재로 성장했음을 증명해 보이려 했다는 사실을 인식할 것이다. 만약 나의 죄를 인식하면서 하느님 앞에 설 때, 나의 모든 교만함은 부서져 없어지고 말 것이다. 그러면 나는 나의 영적 삶에서 지금까지 무겁게 지니고 왔던 어떤 좋은 일을 많이 쌓아올려야 한다는 압박감에서 참으로 완전히 해방되어 자유롭게 될 것이다. 나는 빈손을 들고 하느님께 나아가 나 자신을 완전히 내어드리면서 평화와 자유를 새롭게 체험하게 된다. 내가 어떤 업적을 쌓아올려야 할 필요가 없어지게 된다.

하느님은 나를 변화시키시는 분이고, 나의 실패와 죄, 나의 무능과 실망을 관통하여 나에게 다가오시는 분이시다. 하느님은 그러한 것을 통해 마침내 내가 자신의 덕행을 하느님처럼 생각하면서 그분의 자리에 두었던 잘못을 이제 완전히 그만두게 하시며, 나를 당신께 완전히 전적으로 내어드리게 하신다. 바로 그러한 곳에서 내가 살아갈 수 있도록 나를 받아들이시는 참된 하느님을 만나게 되며, 내가 수도서원을 할 때 다음과 같이 노래불렀던 하느님을 만나게 되는 것이다:

오 주님, 당신의 말씀을 따라 저를 받아들여 주십시오. 그리고 저로 하여금 부끄러운 존재가 되지 않게 해주십시오!

마. 아래로부터의 영성과 공동체

아래로부터의 영성은 공동체와의 관계에서도 하나의 다른 길을 요청한다. 본당 공동체 안에서뿐 아니라 일반 신심 단체와 각종 수도회 안에서조차 사람들이 많이 불평하는 것은 이 공동체들이 지닌 이상적 목표들에도 불구하고 그 안에는 여러 가지 인간적인 부정적 요소들과 미움들이 많이 있다는 것이다. 그러한 불평이 나올 경우에 대부분 그 구성원들은 어떻게 하면 그들이 도달해야 하는 이상적 요소들에 일치하는 삶을 좀더 잘 살아나갈 수 있을 것인지 많이 생각하고 고심하게 된다.

그러나 그렇게 하는 과정에서 우리는 그 공동체들이 도저히 실현할 수 없는 표상들을 자신들에게 덮어씌우게 되는 잘못을 쉽게 범하게 된다. 여기서 더 중요한 것은 공동체 안에서 사납게 짖어대는 개 소리에 귀를 기울이는 것이다. 불평하는 곳, 함께 사는 형제가 불만족해하는 곳, 서로 비난하는 곳, 바로 그곳에서 우리는 보물을 찾으려고 노력해 나가야 한다. 사납게 짖어대는 개들은 우리가 설정한 이상적 표상들에서 벗어나 현실로 내려올 것을 종용한다. 바로 이곳에서 우리는 어떤 장애물들과 어떤 힘들과 가능성들이 공동체 안에 들어 있는지 발견할 수 있게 된다. 바로 그곳에서 공동체를 변화시키려고 시도해야 한다.

우리 일반사회에서는 잘못을 범한 사람은 물러나야 하는 것이 일반적인 경향이다. 만약 한 정치인이 잘못을 범했을 경우에, 사방에서 그가 물러나야 한다는 소리가 터져나온다. 이러한 것은 정치인들을 움츠러들게 한다. 그들은 혹시나 잘못을 범할까 하는 염려 때문에 일을 적극적으로 진행해 나가는 것을 주저하게 된다. 그렇게 될 때 그 정치인들은 창의력을 잃게 된다. 만약 어떤 사람이 참으로 어떤 새롭고 의미있는 일을 실행하고자 한다면, 그는 잘못을 범할 수도 있다는 사실을 과감히 감당해 나가기도 해야 한다. 우리 사회 안에 만연해 있는 완벽주의는 정치인들이 참으로 사람들에게로 나아가 서로를 위한 새로운 길들을 찾아나가는 데 지장을 초래한다.

이것은 교회 안에서도 크게 다르지 않다. 그렇기 때문에 책임 있는 자리에 있는 사람들은 혹시 자기 잘못과 약점들이 공개되어 어려운 일을 당할세라 결백을 지켜나가기 위해 전전긍긍하게 된다. 그러나 이러한 것은 그들이 과감히 새로운 일을 해나가는 데 방해하며, 현재의 상태를 고수하는 데만 급급하면서 체제에 잘 순응하여 안주하는 사람이 되게 한다. 리하르트 로르Richard Rohr는 이러한 사람을 마르코 3장 1-6절에 나오는 손이 오그라든 사람과 같은 부류로 보고 있다. 그는 자신의 손가락을 태우지나 않을까 하는 두려움 때문에 그의 손을 오므려버렸다. 그래서 그의 손이 오그라들게 되었다. 그런 상태로는 아무 일도 생겨나지 않았고, 아무런 위험 부담도 없었다. 예수는 그에게 다음과 같이 명령했다: "손을 펴시오!"(마르 3,5) 너의 삶을 너의 손에 쥐어라! 용기를 내어 도전해 나가라! 위험 부담을 무릅써라!

이스라엘 백성은 그들의 역사가 번창해 가는 좋은 결과가 있는 역사로 전개되어 가지 않은 사실을 마음 쓰리게 알게 되었다. 그들은 몰락을 통하여 그들 스스로를 믿을 수 없다는 사실을 배우게 되었고, 하느님께서 그들을 언제나 다시 일으켜세우신다는 것을 알게 되었다. 교회의 역사 안에서나 가족의 역사에서도 이스라엘 백성에게 일어난 것과 유사한 몰락들이 존재한다. 그러나 보통 우리는 이러한 것들에 대하여 침묵을 지킨다. 우리는 살아오면서 가족에게 일어난 부정적인 요소들을 감추거나 자기와 무관한 것으로 보려고 애를 쓴다.

그러나 마태오 복음사가는 예수의 가족사를 아주 다른 시각으로 서술해 나갔다. 예수의 가계는 순수하게 맑고 아무런 흠이 없는 것이 아니라 여러 잘못들로 점철되어 있다. 세 번이나 반복되는 십사 세대에 관한 보도는 하느님께서 "그렇게 불규칙적이고 죄로 점철된 가족사"(Grundmann 62)에서도 미래를 미리 내다보시는 당신의 섭리로 작용하시어 당신 계획대로 이끌어가신다는 것을 보여주고 있다. 그러므로 우리의 가계사에 대해서도 실재의 사실을 왜곡하고 과장하여 마치 흠이 전혀 없었던 것처럼 서술할 필요가 없는 것이다. 하느님께서는 잘못들을 넘어 언제나 새로운 것을 건설하시고, "지난 세대의 폐허 위에"(이사 51.4) 새로운 것을 일으켜세우신다. 그러므로 가계사와 교회사에서 있었던 잘못들을 인정하는 것은 자유를 가져오는 용기있는 행위가 될 수 있는 것이다. 왜냐하면 잘못을 인정하지 않고 왜곡시켜 한쪽으로 밀쳐두는 것은 우리를 과거에 얽매이게 하며, 같은 잘못에서 벗어나지 못하고 되풀이하게 하기 때문이다. 과거에 범한 잘못들을 인정하는 것만이 우리가 건강하고 행복한 미래를 맞이할 수 있도록 준비하는 길이다.

Arche(노아의 방주)란 공동체를 설립한 장 바니에Jean Vanier는 『공동체 — 화해와 축제의 장소』Gemeinschaft – Ort der Versöhnung und des Festes란 책에서 공동체는 위로부터의 영성으로는 살아갈 수 없다는 것을 명백하게 밝혔다. 한 공동체 안에 함께 존재하는 병자들과 소외된 자들을 어떻게 대접하는가에 따라 그 공동체가 참으로 그리스도교적 공동체인가 아닌가가 정해진다. 바니에는 공동체 안에서 소외된 자들의 역할에 대하여 이렇게 서술하고 있다:

여러 가지 어려움들을 많이 가진 소외된 자들은 공동체 안에서 예언자적 역할을 수행해 나가고 있다. 그들은 진실성을 요구함으로써 공동체를 흔들어 자극한다. 많고많은 공동체들이 이상들과 좋은 말들을 실현할 것을 목표로 하여 건립되었다. 그러한 공동체들에 소속된 사람들은 언제나 반복하여 사랑, 진리 그리고 평화에 대하여 많은 말을 한다. 그러나 소외된 자들은 이들이 발설하는 많은 좋은 말들 중 상당 부분이 거짓이라는 사실을 느낀다. 그들은 사람들의 말과 실재로 살아가는 것 사이에는 상당히 먼 거리가 존재하고 있다는 사실을 아는 것이다(Vanier 193f).

병자들 역시 공동체의 상태를 반영하는 거울 같은 존재다. 만약 한 공동체가 이 거울을 들여다보기를 원치 않는다면 그 공동체는 거짓 위에 설립된 공동체이다. 어떤 생명체든 그 안에 어려움이 생길 경우에 으레 가장 약한 기관이 병들어간다. 그러나 병든 그 기관은 그가 속한 생명체 전체의 상태를 말해준다.

이러한 것은 공동체 안에서도 마찬가지다. 그러므로 병자들, 소외된 자들, 불편함 속에서 고통받고 있는 자들 그리고 불평을 늘어놓는 자들에게 다가가 그들의 얘기를 들으면서 관심을 보이는 것은 중요한 일이다. 이러한 것이 아래로부터의 영성이다. 베네딕도 성인은 수도회 회칙을 저술했을 때, 이러한 아래로부터의 영성을 염두에 두고 있었다. 그는 아바스가 취해야 할 태도에 대하여 다음과 같이 서술하고 있다:

> 그는 영혼들을 다스리고 많은 사람들의 기질을 맞추는 일이 얼마나 어렵고 힘든 일인지를 알아야 한다. 어떤 사람에게는 유순하게 대하고 어떤 사람에게는 책벌하고, 또 어떤 사람에게는 권고해 주어야 한다. 각자의 성질과 지능에 따라 모든 이에게 알맞게 대해 줌으로써 자기에게 맡겨진 양들에게 손해가 없도록 할 뿐 아니라, 오히려 착한 양들의 수효가 늘어나는 것을 기뻐할 것이다(RB 2,31-32).

수도회에서 아바스로서의 직무를 수행하는 사람은 회원 각자가 있는 자리로 내려가서 그의 상태를 인정하고 관심을 가져야 한다. 아바스는 회원들에게 높은 이상을 실현해 나갈 것을 요구하여 부담을 주어서도 안되는 것이다. 치유는 관심을 가지고 가까이 다가감으로써, 아래로 내려감으로써, 상대편에게 자신을 맞추어감으로써 이루어진다. 재미있는 것은 베네딕도 성인이 잘못한 수도자에게 어떤 벌을 주며 어떻게 교정하는지 서술한 장에서 형제라는 말을 가장 많이 사용하고 있는 것이다. 분명한 것은 한 형제가 위기상황에 빠졌거나 실패의 상황에 놓였을 때, 오히려 그 형제에게 더 관심을 가져야 하며 더 존중하고 그 형제 안에 계시는 그리스도에 관한 믿음을 더 가져야 한다는 사실이다:

> 아바스는 잘못을 저지른 형제들을 온갖 염려를 다해 돌보아야 한다. 왜냐하면 "의사는 건강한 사람들에게 필요하지 않고 병든 사람들에게 필요하기" 때문이다(RB 27.1).

수도회 안에서 아프거나 어려운 상황에 처한 형제들에 대하여 더 큰 사랑으로 섬세하고 조심스럽게 다가가서 돌보는 것은 그리스도교적 공동체가 마땅히 취해야 하는 기본적인 자세이다. 일반 회사들에서는 아픈 사람이 설 자리가 전혀 없다. 회사에서 직위가 높은 관리자들도 육체적·정신적 어려움을 가지게 되어 그들이 지금까지 감당해 온 일을 더 이상 수행할 수 없는 상태에 접어들게 되면 그만두고 물러나야만 하는 것이 일반적인 이치이다. 이러한 것에서 우리는 한 회사에서 근무하는 사람이 근무하면서 받는 스트레스 등에 의해 점점 상태가 나빠질 것이란 사실을 쉽게 짐작할 수 있다. 아픈 사람을 통해서 반영되는 자신과 공동체의 상태를 점검하면서 "그를 잃지 않도록 큰 염려를 기울이며, 온갖 지혜와 열성을 다하여 쫓아다니며 돌보아야 하는 것"(RB 27.5)이 자신이 속한 공동체가 그리스도교적 공동체라는 사실을 증거하며, 더 인간적이고도 더 건강한 공동의 삶이 지속적으로 가능하도록 하는 것이 된다.

그리스도인으로 존재하는 것의 기본 바탕인 겸손과 유머

아래로부터의 영성은 초기교회의 수도자들이 글로 기록한 겸손의 길에 대한 개념을 다르게 표현한 것에 지나지 않는다. 만약 우리가 베네딕도 성인과 그의 뒤를 따른 교회 전통이 의미한 겸손을 바르게 이해하고 그것에 동의해서 겸손을 하나의 종교적인 기본자세로 본다면, 우리는 겸손에 대한 잘못된 부정적인 견해들, 즉 "무조건 머리 숙이기", 무릎꿇어 조아리기, 삶이 요청하는 일들을 피하기, 이기심이 숨겨진 거짓된 겸손 등을 잘 분별해 낼 수 있다. 겸손은 우리가 노력하여 얻을 수 있는 덕행이 아니라 자신의 실상에 대한 체험과 하느님 체험에 대한 표현이다. 그리고 겸손은 땅에 밀착해 있는 자신의 본래적인 모습에로 내려가는 것을 의미한다.

　자기 본래의 모습을 받아들이고 신뢰하면 우리는 유머 감각을 가지게 된다. 여유를 가지고, 자신과 이 세상에 대해 유머를 가득 지니고 대하게 하는 것이 겸손의 본질적 측면 중의 하나이다. 그러나 겸손은 또한 우리가 실패와 아무런 결과를 얻지 못하고 빈털터리가 된 길을 걸어가서 하느님을 향해 자신을 열어드리지 않을 수 없는 상태를 표시하는 것이기도 하다. 만약 우리가 자신과 화해하여 겸손의 길이 하느님께로 나아가는 길이란 사실을 받아들이면, 본성을 거슬러 지속적으로 투쟁할 필요도 없고, 결국은 이루어지지도 않는 작업인 우리를 더 나은 존재로 만들기 위해 지속적으로 고생스러운 노력을 해나가지 않아도 될 것이다.

영적 지도 과정에서 필자는 언제나 다시 되풀이하여 사람들의 공통된 생각들을 접하게 된다. 그들은 자신들이 저지른 잘못들을 좀더 잘 극복해야 했다고, 자신을 신뢰하는 것을 좀더 증진시켜야만 했다고 생각하며, 그들이 좀더 강해져야 한다고도 생각한다. 그러나 그들은 자신의 그러한 노력들에도 불구하고 일이 잘되어가지 않을 경우에 더 민감하게 반응하고 쉽게 마음의 상처를 받아 절망하고 만다.

평정Gelassenheit과 안전Sicherheit 그리고 자신에 대한 믿음과 강함에 도달하기 위한 노력이 수포로 돌아가고 마는 실패는 우리를 참된 하느님께로 인도해 갈 수 있다. 그리고 그러한 것이 우리를 좀더 인간적이 되도록 한다. 우리 자신이 마음의 상처를 지니고 살아가는 아이들이란 사실을 참으로 인정한다면, 우리 자신이 매우 민감한 감수성을 지니고 있으며, 사랑에 굶주려 있고, 칭찬과 꾸중에 영향을 크게 받는 존재라는 사실을 인정한다면, 우리는 자신은 실수를 하지 않는 존재라고 믿음을 가질 수 있을 만큼 자신을 지켜나가기 위해서 경계심으로 무장하는 것보다 훨씬 더 인간적일 수 있을 것이다. 그렇게 할 경우에 우리는 우리에게 다가온 상처들을 정리하고 더 이상 상처를 받지 않기 위해서 방어 자세를 취하는 것보다 훨씬 더 쉽게 진정한 만남을 가질 능력을 지니게 될 것이다. 그러면 우리는 지난날 그곳에 도달하기 위해 그렇게도 열심히 노력했던 이상적 요소들을 도달하는 것보다도 오히려 하느님을 더 잘 이해하게 될 것이다.

겸손을 바탕으로 하는 영성은 우리를 인위적으로 작은 존재로 만들어서 자신이 세상에 살고 있는 것 자체에 대하여 용서를 청하는 것과 같은 것으로 인도하는 것이 아니다. 겸손은 그보다 훨씬 더 나아가서 우리를 내면의 진실로 인도하며, 평정과 유머로 인도한다. 유머 속에는 우리 안에 있는 모든 것이 있는 그대로 있을 수 있고 있어도 된다는 사실을 아는 지각이 들어 있으며, 우리는 땅에서 생겨난 존재이고 그러므로 이 땅 위에서 일어나는 세속적인 것들에 놀라 물러날 필요가 없음을 아는 지각이 들어 있다. 유머는 우리가 지닌 인간성, 땅에 밀착해 있는 것Erdhaftigkeit 그리고 상처받기 쉬운 유약함과 무상함을 인정하고 그것과 화해하여 받아들이는 것이다. 유머 속에 지금 존재하는 나의 모습 그대로를 인정하고 받아들이는 것이 들어 있다.

사회학자 베르그P. L. Berger는 유머를 "초월에 대한 하나의 표지"로 보았다. 유머 속에서 모순되는 상황에 대하여 한편으로는 그것과 화해하고, 다른 한편으로는 하느님의 입장에서 바라보면서 그것을 상대화시키고, 초월하면서 그 상황을 극복하여 영성적으로 정리하게 된다. 유머는 우리가 현실을 있는 그대로 받아들이게 하고 그것과 화해하게 하는 반면, 이상주의는 우리의 실제적인 삶의 현장으로부터 도망쳐서 이상주의 안으로 숨어들게 한다. 우리가 기꺼이 되고 싶은 그러한 상태에 현재 도달해 있지 못하기 때문에, 우리는 높은 이상들에게로 도망을 치며, 영적 삶에 관한 높은 이론들을 만들어나간다. 그러나 이러한 이론들은 우리가 매일 만나는 실재의 삶과는 매우 동떨어져서 무관할 뿐이다.

하인리히 뤼첼러Heinrich Lützeler는 유머가 언제나 실제의 모습을 드러내는 것과 관계하는 것으로 보고 있다:

> 아리스토파네스Aristophanes, 셰익스피어Shakespeare, 세르반테스 Cervantes, 몰리에르Moliere 등 대표적인 극작가들은 매우 현실적인 사람들이었고, 모든 인간적 요소들을 가까이하여 어느 하나도 소홀히하지 않았다. 수천 종류의 은폐들과, 무대장치들 그리고 외쳐대는 말들 속에서 이들은 언제나 변함없이 매우 인간적인 것들을 짙게 드러내보였다(Lützeler 12).

유머는 무엇보다 먼저 자기 자신의 실제 모습을 드러내는 것이고, 대단한 존재로 만들고자 하는 기본 욕구에서 자신을 해방시키는 것이다. 유머 속에서 사람은 자신에게 알맞은 정도를 찾게 되며, 자기 자신을 부풀어올려서 과장하고 자랑하며 허풍치는 것을 즐기고자 하는 모든 욕구에서 자유롭게 될 수 있다:

> 웃으면서 자신의 잘못을 보는 사람, 자신이 알게 모르게 여러 가지 부정적인 요소들에도 연계되어 있는 것을 인식하면서 그것을 웃음으로 지켜보는 사람은 유머의 세계를 이해하고 유머로 가까이 다가가고 있는 사람이다. 이 두 경우의 사람들은 세상이 완전하지 않다는 것을 예리하게 인식하는 사람이며, 그러한 세상에 대하여 무시하거나 불평하지 않고 차갑게 대하거나 절망하지 않는다. 이들은 이러한 모든 부정적인 요소에도 불구하고 아름다운 세상이

지닌 신비에 감탄하며 사랑한다. 그리고 그들은 이러한 불완전한 세상이 어떤 형태로든 하여간^{irgendwie} 질서 속에 있다는 사실에 대하여 믿음을 가지고 있다(같은 곳 23f).

　유머는 이 현세상의 불완전성 안에서 성장해 왔으며 이 세상의 사랑 안에서 꽃을 피웠다. 유머는 작은 것에 대해서도 큰 것에 대해서도 잘 알고 있다. 그런데 유머는 작은 존재에 대하여도 화를 내거나 불만족해하지 않을 정도로 충분히 자유롭다. 인간이 가진 혼란과 엉클어짐 그리고 불완전함이 이 세상의 큰 질서를 파괴할지도 모른다고 생각한다면 그는 믿음이 매우 부족한 사람이다. 이 모든 현상에 대하여 그것들이 대단히 크고 위험한 것으로 여기거나 너무 진지하게 생각하여 심각해할 필요는 없다. 그렇게 할 때 비로소 우리는 하늘이 우리에게 보낸 것에 대하여 하늘이 원하는 대로 응답할 수 있는 능력을 갖추게 된다. 그것은 바로 평정의 자세와 순수하고 밝은 마음을 가지는 것 그리고 최종적으로는 신뢰하는 것 등이다(같은 곳 41).

유머는 최종적으로 유머를 구사하는 사람의 성격에 근거를 둔다기보다는 그의 믿음에 근거를 두고 있다:

　유머가 풍부한 사람은 자신에게 다가오는 모든 상황과 운명을 기꺼이 받아들이는데, 그것을 그는 인간 존재의 무상함은 하느님의 뜻에 의한 것이고 하느님께서 그러한 인간을 지탱하고 계시다는 사실을 믿는 것에서, 이러한 모든

현상 안에 하느님의 사랑이 언제나 작용하고 있다는 사실
을 믿는 것에서 행한다(54).

유머의 기본 개념들은 자유, 절도와 중용, 전체, 놀이 등이고 이
들은 동시에 종교적인 인간이 내면에 갖추어야 할 요소들이기도
하다:

모든 사물에서 자유로운 사람들, 절도와 중용을 알고 각
개체들 속에 들어 있는 질서를 잘 아는 사람들이 참으로
하느님과 일치하여 충만되게 살아간다. 그들은 자신의 존
재 자체를 하느님께 기쁨이 되는 존재로 간주하여 이 세상
안에서 자신의 삶을 전개해 나간다(55).

동방과 서방 교회의 영성적 가르침 모두가 겸손을 중요하게 생각
하는 것은 우연이 아니다. 우리의 인간성을 있는 그대로 인정하
는 것은 참된 인간이 되는 데 필요한 전제조건일 뿐 아니라, 하
느님을 참으로 만나는 데 필요한 전제조건이기도 한 것이다. 겸
손하지 않을 때 하느님을 우리가 필요로 하는 조건을 채워주는
분으로 보기 쉽다. 그러므로 신비가들은 겸손을 강조한다. 겸손
없이는 신비가들이 자신을 하느님과 동일시하는 위험에 쉽게 빠
져든다. 겸손 없이는 우리 안에 계신 하느님과 우리 자신과의 차
이를 쉽게 잊어버린다. 우리의 인간성Menschlichkeit과 땅에 착 달라
붙어 있는 것Erdhaftigkeit이 우리 전체를 관통하면서 우리를 하느님
의 성전으로 만드는 하느님 은총과 가지는 긴장관계가 우리의 영
적 삶의 본질적인 부분에 속한다.

우리는 자신의 인간성을 있는 그대로 인식하고 받아들일 때 비로소 하느님 은총의 선물을 받아들일 수 있다. 그러므로 영성적으로 상당히 진보한 사람이 언제나 다시 겸손에 대해 말하는 것은 결코 과장된 행위가 아니다. 그들은 하느님께 가까이 갈 수 있는 것은 오직 겸손한 자세를 통해 가능함을 체험한 것이다.

겸손은 우리의 영적 길에 반드시 필요한 일반적인 지축地軸 중 하나이다. 하느님을 깊이 체험할수록 그만큼 더 지축의 다른 끝에 존재하는 인간성을 강조해야 한다. 그렇게 하지 않을 때 우리는 자신을 하느님과 동일시하고 하느님을 나의 필요성을 채워주기만 하는 분으로 전락시킬 위험에 있게 된다. 겸손은 하느님 체험의 과장, 자기자랑과 허풍, 하느님과 자신을 잘못 동일시하는 것에서 우리를 지켜준다. 내가 자신을 하나의 전형적인 표상ein archetypisches Bild과 동일시할수록 점점 더 자신의 실제적 현실을 바라보는 시야를 잃게 된다. 그렇게 될 때 나는 내적으로 점점 더 분열되고 파괴된다. 점점 더 나의 현실에 대하여 눈이 멀게 된다. 겸손은 하느님을 향해 나아가는 길에서 과장하거나 인간성을 뛰어넘어 가는 위험에서 우리를 보호해 준다. 겸손은 종교적인 사람에게 가장 큰 위험 요소인 과장에서 우리를 지켜준다.

겸손은 초기 수도회에서 낮은 것 그리고 땅에 밀착해 있는 것에 대한 상태를 나타낼 뿐 아니라 동시에 부드러움, 온순을 나타내는 것이기도 했다. 겸손한demütig에 대한 그리스 말은 *tapeinos*인데, 종종 그리스 말 *prays*도 같은 뜻으로 사용하고 있다. 그런데 *prays*는 동시에 온유, 호의를 의미하는 말이다. 에바그리우스 폰티쿠스는 온유를 영적 지도자, 영적 아버지가 갖추어야 할 기본 덕목으로 보았다. 온유는 우리 자신과 다른 이들에 대한 부드러움을 의미하며, 자신과 타인의 잘못과 연약함을 자비함으로 대하는 것을 의미한다. 어느 한 사람이 가진 온유는 그 사람이 지닌 겸손한 자의식으로 자신을 변화시켜 나갈 수 있다는 사실을 드러내주는 표지이다. 에바그리우스는 온유 없이 절제와 금욕을 수행하는 것의 위험성에 대하여 경고하고 있다:

> 절제와 금욕은 육체만을 내리누르지만, 온유는 지성을 개화시킨다(편지 27.4).

온유는 참된 관상을 위한 전제조건이다. 그러므로 에바그리우스는 거듭 다시 자신의 수도회 형제들에게 모세를 본받을 것을 권했다:

> 모세는 실상 매우 겸손한 사람이었다. 땅 위에 사는 사람 가운데 그만큼 겸손한 사람은 없었다(민수 12.3: 편지 27.2).

우리는 모세의 온유를 배운 다음에야 비로소 그와 같이 하느님을 뵈올 수 있을 것이다. 온유함이 없는 자기수련은 우리의 정신을 단지 어둡게 할 뿐이다. 그러므로 에바그리우스는 어느 한 수련자에게 다음과 같이 주의를 주고 있다:

> 무엇보다도 온유와 신중함을 잃지 않도록 하여라. 이들은 영혼을 정화시키고 관상에로 인도하여 그리스도를 만나게 하는 요소들이다(편지 34.2).

신약성서는 겸손을 하느님께 대해서만이 아니라 사람들에 대해서도 가져야 하는 태도로 이해하고 있다. 그러므로 겸손은 온유, 부드러움, 관용과 함께 고찰되고 있다:

> 그러므로 여러분은 하느님에게 선택된 거룩하고 사랑받는 사람답게 자비로운 동정심, 친절, 겸손, 온유, 인내를 입으시오(골로 3,12).

이러한 다섯 가지 개념으로 바울로는 하느님께서 우리를 대하시는 자세와 그리스도에 의해 구원된 새로운 인간이 가지는 태도에 대해 서술하고 있다. 겸손한 사람은 형제와 자매를 멸시하지 않고 그들 속에서 그리스도를 본다. 그러므로 겸손한 자세를 가진 사람은 다른 사람이 지닌 신비에 대해 경건한 태도를 지니며, 마음 안에 다른 형제자매들을 위한 큰 여유 공간을 지니고 있다. 자기 자신의 인간성을 만나본 사람은 다른 모든 인간성에 대하여 친숙함을 느낀다. 겸손한 사람은 그가 만나게 되는 모든 인간적인 것들을 있는 그대로 인정하여 받아들이며, 특히 연약한 사람과 아픈 사람, 불완전한 사람과 실패한 사람들을 있는 그대로 받아들이고 감싸안는다. 그는 모든 것이 하느님의 자비심으로 둘러싸여 있고, 예수의 따뜻한 눈길 안에 들어 있음을 본다. 그러므로 그는 자신의 영혼 안에서 그리고 다른 이들을 통해서 만나게 되는 모든 것들을 자비심과 부드러움으로 대하지 않을 수 없게 된다. 온유함은 온유한 사람의 성격에서 유래하는 자세가 아니고, 또한 공격성의 결핍에서 나오는 자세도 아니다. 그것은 당신의 아들 예수 그리스도를 이 지상의 실제 상황에로 내려보내신 자비하신 하느님께 대한 믿음에서 나오는 자세이다.

예수 그리스도는 인간적인 것 모두를 받아들이셨고, 그것을 있는 그대로 구원하셨다. 그는 자신의 인간성 안에 우리의 모든 유약함과 인간적인 것들을 가지고 하늘로 올라가셨다. 그가 이 땅 아래로 깊숙이 내려오셨기 때문에, 다시 하늘로 높이 올라가신 것이다. 그렇게 하여 그는 우리에게 그러한 길을 보여주신 것이다. 만약 우리가 그리스도와 함께 땅 아래로, 땅에 착 달라붙어 있는 것에로, 어둠 속으로, 모르는 것들이 가득 찬 곳으로, 우리의 인간적인 유약함으로 내려올 준비가 되어 있지 않다면, 하늘로 올라갈 수도 없다. 베네딕도 성인이 겸손의 장 시작 부분에서 서술한 바와 같은 영적 상승의 역설은 모든 영적 길의 역설이기도 하다. 우리는 우리의 인간 존재로 내려옴으로써 하느님께로 올라갈 수 있다. 이것이 바로 자유의 길이자 사랑과 겸손, 온유와 자비의 길이며, 예수의 길이고 또한 우리를 위한 길이다.

겸손의 목표는 모든 두려움을 추방하는 사랑이다. 겸손 안에서 우리 자신이 가지고 있는 분열의 지옥으로 내려왔기 때문에, 우리는 영원한 지옥에 대한 두려움을 떨쳐버릴 수 있다. 바로 우리 영혼에 존재하고 있는 지옥의 한복판에서 그리스도를 발견하게 되었다. 그리스도는 빛을 우리의 영혼 안으로 가져와서 그 영혼을 변화시켰다. 두려움은 영혼의 공간을 좁힌다. 그러나 반대로 겸손의 길을 통해 두려움을 추방하는 것은 우리의 마음을 넓힌다. 그러므로 베네딕도 성인이 수도규칙 머리말의 마지막 부분에서 서술하고 있는 것이 겸손의 마지막 단계에 적용된다:

144 ④

수도생활과 신앙에 나아감에 따라 마음이 넓어지고, 말할 수 없는 사랑의 감미甘味로써 하느님의 계명들의 길을 달리게 된다(RB 머리말 49).

인간적인 요소들을 모두 다 잘 아는 마음은 넓어지고, 모든 인간적인 것을 변화시키는 하느님의 사랑으로 가득 차게 된다. 겸손의 길은 변화의 길이다. 아래로부터의 영성에서 사람은 자신의 실재를 만나며, 그것을 하느님께로 가지고 가게 된다. 그러면 하느님은 그 안에 있는 모든 것을 사랑으로 변화시키며, 그 모든 것에 하느님의 성령이 작용하도록 하신다.

끝맺는 말

우리 피정의 집에서 피정하는 사람들을 아래로부터의 영성으로 지도하면, 그들은 이 영성에 의해 상당한 자유와 치유를 경험한다. 그러나 그들은 또한 지금까지 추구해 온 위로부터의 영성에 의해 압박받고 때로는 병들게 되는 것을 경험하기도 한다. 그러면 우리는 그들에게 지금까지 추구해 온 위로부터의 영성이 본래 좋은 것이란 사실을 주지시키려고 거듭 시도한다. 위로부터의 영성은 그들로 하여금 매우 강하게, 열심히 수행해 나갈 것을 강요했다. 이것을 회화적으로 표현하면, 위로부터의 영성은 한 마음씨 나쁜 사람이 싱싱하고 아름다운 어린 야자수가 더 이상 자라지 못하도록 그 야자수 위에 올려놓은 장애물과도 같다. 그런 일을 저지른 몇 년 후에 그가 그곳에 다시 와 보니 그 야자수는 그 지역에서 가장 훌륭하게 잘 자라 있었다. 그 야자수는 그 장애물 때문에 뿌리를 더욱더 깊이 박으며 성장을 계속했던 것이다.

이와같이 우리의 이상적 요소들은 자주 우리가 뿌리를 더욱더 깊이 뻗어나가도록 강요하기도 한다. 그러나 우리에게 지도받는 사람들은 그들의 머리 위에 있는 그 길을 계속 가는 것은 그들에게 해로움을 가져올 수도 있다는 것을 느낀다. 늦어도 삶의 중반기를 지나기 이전에 이와는 반대쪽의 축인 아래로부터의 영성을 이해하도록 시도하는 것이 반드시 필요한 일이다. 이제 이들은 하느님의 음성을 그들 자신의 마음과 그들 삶의 고통에서, 그들의 느낌과 꿈 안에서, 그들의 육체 안에서 듣고 이해하여 실천해 나가는 용기를 가져야 한다. 이제 이들은 자신들을 꼭 조여 압박하는 옷을 벗어버려야 한다. 그렇게 할 때, 하느님께서 그들 안에 만들어놓으신 그들의 원래 모습을 꽃피워 나갈 수 있을 것이다.

우리에게 피정지도를 받는 사람들에게 그들이 지금까지 수행해 온 자기수련과 이상적 요소들은 그들에게 이제 더 이상 버틸 수 없는 자신의 무능함을 인식하도록 하여 자신을 온전히 하느님께 내어드리고 하느님 안에 머물도록 했으므로, 그것이 그들에게 충분히 의미가 있었다는 사실을 알려주는 것이 또한 우리 과제 중의 하나이기도 하다. 위로부터의 영성 없이는 그들이 그렇게 쉽게 막다른 골목으로 접어들지는 못했을 것이다. 만약 누군가가 막다른 골목에서 자신에게 채찍질을 가하면서 힘으로 그곳을 통과하려고 시도한다면 그것은 매우 슬픈 일이 된다. 그렇게 될 때, 그것은 머리로 벽을 들이받는 것과 같아 피를 흘릴 것이며, 정말 많은 피를 흘리는 지경에까지 이를지도 모른다.

막다른 길, 자신의 무능을 인식한 상황에서 우리는 더 이상 투쟁하는 것을 그만두어야 한다. 그곳에서 우리가 할 수 있는 것은 하느님께서 우리의 목소리를 듣고 우리의 무능함에서 구출해 주실 때까지 소리 높여 외쳐대는 것뿐이다. 만약 우리가 무능함과 화해한다면, 그것은 우리가 하느님을 참으로 만나게 되는 장소가 된다. 그렇게 될 때, 우리는 빈손으로, 지친 몸으로, 온 몸이 긁히고 다친 상태로, 우리를 구원하고 자유롭게 하는 하느님을 만나게 된다. 그러면 우리는 두 팔을 들고 항복하게 되며, 우리의 무능 저 밑바닥에서 하느님의 능력에 가득 찬 은총과 사랑을 체험하게 된다. 우리는 막다른 상태에 접해서야, 우리 스스로의 힘으로 자신을 더 나은 존재로 상승시키려고 하는 것을 포기한 그곳에서 하느님의 은총과 사랑을 참으로 올바르게 이해하게 된다. 바로 그곳에서 우리는 사도 바울로가 이해한 것과 같이 하느님의 은총이 참으로 무엇인가에 대하여 이해하게 되며, 하느님의 은총은 우리의 연약함 속에서 우리를 완전에로 이끌어가는 존재라는 것을 이해하게 된다.

참고 문헌

Robert Assagioli, Psychosynthese, Adliswil 1988.

Die Benediktus-Regel, lateinisch/deutsch, hrsg. im Auftrag der Salzburger Äbtekonferenz, Beuron 1992.

George Bernanos, Tagebuch eines Landpfarrers, München 1949.

Wilhelm Bitter (Hrg), Meditation in Religion und Psychotherapie, Stuttgart 1958.

Aquinata Böckmann, Perspektiven der Regula Benedicti, Münsterschwarzach 1986.

Otto Friedrich Bollnow, Wesen und Wandel der Tugenden, Frankfurt 1965.

John Bradshaw, Das Kind in uns. Wie finde ich zu mir selbst?, München 1992.

Olivier Clément, Das Meer in der Muschel, Freiburg 1977.

Des hl. Abtes Dorotheus Geistliche Gespräche, übers. v. B. Hermann, Kevelaer 1928.

Eugen Drewermann, Kleriker. Psychogramm eines Ideals, Olten 1989.

――, Frau Holle. Grimms Märchen tiefenpsychologisch gedeutet, Olten 1982.

Karlfried Graf Dürckheim, Überweltliches Leben in der Welt. Der Sinn der Mündigkeit, Weilheim 1968.

Evagrios Ponticos, Briefe aus der Wüste, hrg. v. G. Bunge, Trier 1986.

Evagrius Ponticus, Praktikos. Über das Gebet, hrg. v. J. E. Bamberger, Münsterschwarzach 1986.

Albert Görres, Der Leib und das Heil: Caro cardo salutis, in K. Rahner, Der Leib und das Heil, Mainz 1967, 7-28.

Graham Greene, Das Ende einer Affäre, Hamburg 1974.

Walter Grundmann, Das Evangelium nach Matthäus, Berlin 1968.

Hubertus Halbfas, Der Sprung in den Brunnen. Eine Gebetsschule, Düsseldorf 1981.

Hermann Hesse, Gesammelte Schriften Bd. 7, Berlin 1957.

Isaak von Ninive, in Ausgewählte Schriften der syrischen Kirchenväter, übers. v. G. Bickell, Kempten 1874.

C. G. Jung, Gesammelte Werke, Bd. 16 und 18, Zürich 1958 und 1973.

———, Briefe III, Olten 1973.

Jean Lafrance, Der Schrei des Gebetes, Münsterschwarzach 1983.

Wilhelm Laiblin, Symbolik der Wandlung im Märchen, in: Die Wandlung des Menschen in Seelsorge und Psychotherapie, hrg. v. Wilhelm Bitter, Göttingen 1956, 276-300.

André Louf, Demut und Gehorsam bei der Einführung ins Mönchsleben, Münsterschwarzach 1979.

Heinrich Lützeler, Über den Humor, Zürich 1966.

Pia Luislampe, Demut als Weg menschlicher Reifung. Hermeneutische Schritte zum 7. Kapitel der Regula Benedicti, in: Itinera Domini. Festschrift für Emmanuel von Severus, Münster 1988, 17-30.

David L. Miller, The Two Sandals of Christ: Descent into History and into Hell, in: Aufstieg und Abstieg, hrgs. v. A. Portmann u. R. Ritsema, Frankfurt 1982, 147-222.

Wunibald Müller, Begegnung, die vom Herzen kommt, Mainz 1993.

Karl Rahner, Über die Erfahrung der Gnade, in Schriften zur Theologie III, Einsiedeln 1957, 105-110.

J. A. Sanford, Alles Leben ist innerlich. Meditationen über Worte Jesu, Olten 1974.

Karl Hermann Schelkle, Der 2. Brief an die Korinther, Düsseldorf 1964.

Christian Schütz, Einsamkeit, in Lex. d. Spir., Freiburg 1988.

Igor Smolitsch, Leben und Lehre der Starzen, Wien 1936.

Basilius Steidle, Beiträge zum alten Mönchtum und zur Benediktsregel, hrsg. v. Ursmar Engelmann, Sigmaringen 1986.

Jean Vanier, Ort der Versöhnung und des Festes, Salzburg 1983.

John Wellwood, Principles of inner work: Psychological and spiritual. In: JTP 1/1984, 63-73.